Das gelbe Kochbuch

Das gelbe Kochbuch

Die Post
ihre Küche
ihre Vielfalt

Inhalt

Selina Maria Schal
arbeitet in der Zustellbasis in 4111 Walding

Selina Maria liebt es, ihre Gäste mit einem selbst gemachten Essen zu überraschen. Die Antipasti aus Gemüse haben es dabei auf die Absolute-Favoriten-Liste der jungen Postlerin geschafft, auch weil sie das Gericht selbst so gern isst.

Antipasti-Gemüse

Zutaten:

1 Melanzani

2 Zucchini

4 rote Spitzpaprikas

300 g Champignons

150 ml Olivenöl

30 ml weißer Balsamico-Essig

4 Knoblauchzehen, zerdrückt

2 Stiele Rosmarin

2 Stiele Thymian

Salz, Pfeffer

1 TL Zucker

Für die Marinade Olivenöl, Balsamico, Knoblauch, Salz, Pfeffer und Zucker in einer weiten Auflaufform anrühren und die gehackten Kräuter beigeben.

Melanzani und Zucchini in fingerdicke Scheiben schneiden. Zusammen mit den Champignons und den Paprikaschoten in einer Grillpfanne gut anbraten. Gemüse aus der Pfanne nehmen, die Haut von den Paprikas abziehen, vierteln und entkernen.

Das Gemüse in der Auflaufform mit Marinade bedecken und 24 Stunden lang im Kühlschrank ziehen lassen.

Tipp: Dazu Mozzarella oder Burrata mit Olivenöl und Pesto für eine „italienische Nacht" reichen.

Vorspeisen

20 Rezepte

Aller Anfang sei schwer, heißt es, doch die Vorspeise sei leicht. Sie soll weder das Kochen beschwerlich machen noch den Magen beschweren. Schließlich folgen noch zwei Gänge, doch davon später mehr. Auf den folgenden Seiten finden sich Rezepte, die den ersten Gang eines Diners bilden können. Oder ein schnelles Gericht als Lunch, für zwischendurch oder am späteren Abend: Suppen, Salate, Antipasti oder Tatar.

Das gelbe Kochbuch

Rezeptsammlung für eine neue österreichische Küche

Essen verbindet. Es ist ein universelles Bedürfnis und gleichzeitig ein Ausdruck von Kultur, Geschichte und Identität. In jeder Küche dieser Welt stecken Erinnerungen, Traditionen und Emotionen, die von Generation zu Generation weitergegeben werden. Wenn wir zusammen essen, teilen wir nicht nur Lebensmittel, sondern auch Erlebnisse, Geschichten und ein Stück von uns selbst.

Dieses Kochbuch ist mehr als eine Sammlung von Rezepten. Es ist ein Spiegelbild der Vielfalt unserer Gesellschaft und ein Spiegelbild der Vielfalt bei der Österreichischen Post.

Die Post und ihre Mitarbeiter*innen, die aus über 100 Nationen stammen, versorgen Österreich täglich mit dem, was es braucht. Lokal, regional, nachhaltig und verlässlich – näher an den Menschen ist niemand. Wer wäre also besser geeignet als Postler*innen, um die Speisenfolge für „Das gelbe Kochbuch" zu liefern? Mit vielen Gerichten, die hier vorgestellt werden, reisen wir durch Länder und Kontinente und lassen uns von den Aromen, Gewürzen und Kochtechniken anderer Kulturen inspirieren.

Jeder einzelne Beitrag zeigt, wie das gemeinsame Kochen und Essen Brücken zwischen Menschen baut. Auch wenn die Zutaten und Zubereitungsarten unterschiedlich sind, bleibt die Botschaft dieselbe: Essen bringt uns zusammen. Es schafft Momente des Miteinanders, des Verstehens und des Respekts.

Das gelbe Kochbuch versammelt Rezepte von Postler*innen aus unterschiedlichen beruflichen Positionen und Kulturen. Ihre Rezepte passen zu dem Arbeitsalltag, der ihr Kochen beeinflusst. Das Buch stellt die Köch*innen kurz vor. Sie erzählen, was sie am Kochen und Essen lieben und warum sie ausgerechnet dieses Rezept vorschlagen. Ihre Motive sind persönlich und praktisch. Fast alles braucht nicht viel Zeit, aber Genauigkeit und Hingabe.

Dieses Buch feiert die Vielfalt, die die Post auszeichnet, und zeigt, wie aus dieser bunten Mischung etwas Einzigartiges entsteht.

Lassen Sie sich von den kulinarischen Schätzen, die in diesem Buch zusammengetragen wurden, verzaubern. Kochen Sie, probieren Sie Neues aus und erleben Sie, wie köstlich Vielfalt schmecken kann.

Guten Appetit und viel Freude beim Entdecken!

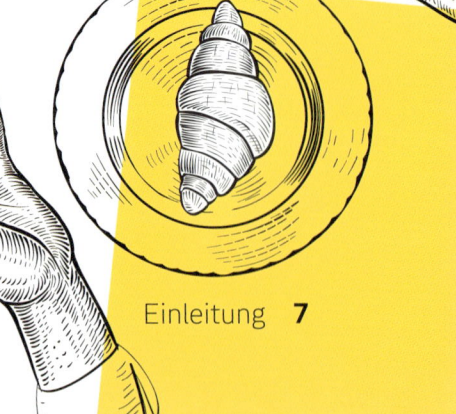

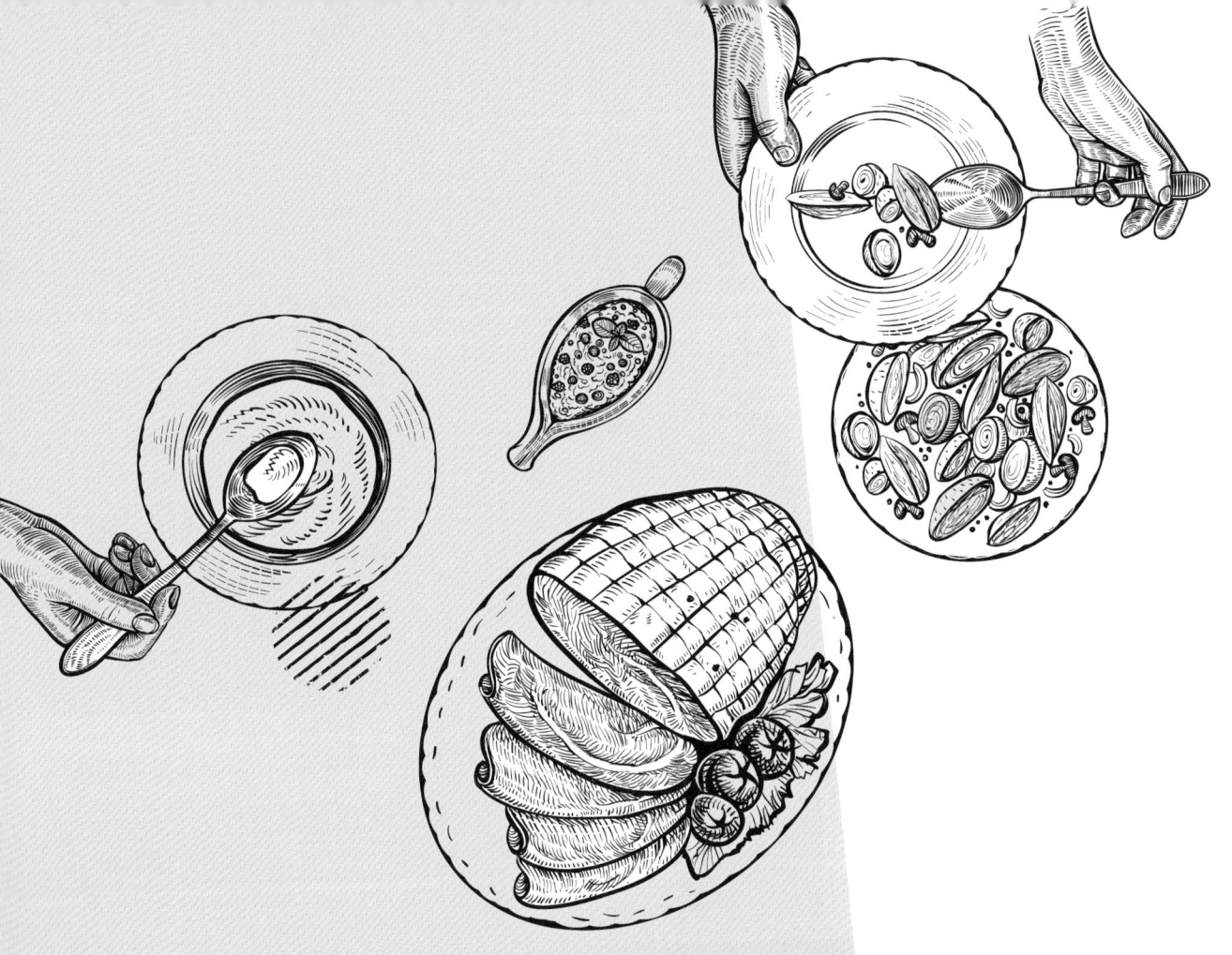

Zu diesem Buch:

Eine Anleitung fürs Rezepteschreiben – wer braucht denn so was?
Die meisten haben doch eine ungefähre Vorstellung davon, wie
man ein Kochrezept verfasst: eine Liste der Zutaten, eine Anleitung,
fertig. Beim „Gelben Kochbuch" gab es trotzdem einige Richtlinien
für die Hobby-Köch*innen der Post: Alle Mengen sind für vier
Personen angegeben. Ausnahme sind die Torten. Besonderer Wert
sollte auf die Verwendung regionaler Zutaten gelegt werden.
Alles soll in Österreich auf Wochenmärkten oder in Spezialshops
erhältlich sein. Gesalzen und gepfeffert wird nach persönlichen
Vorlieben. Schließlich ist Kochen eine Herzensangelegenheit
und eine Frage des guten Geschmacks.

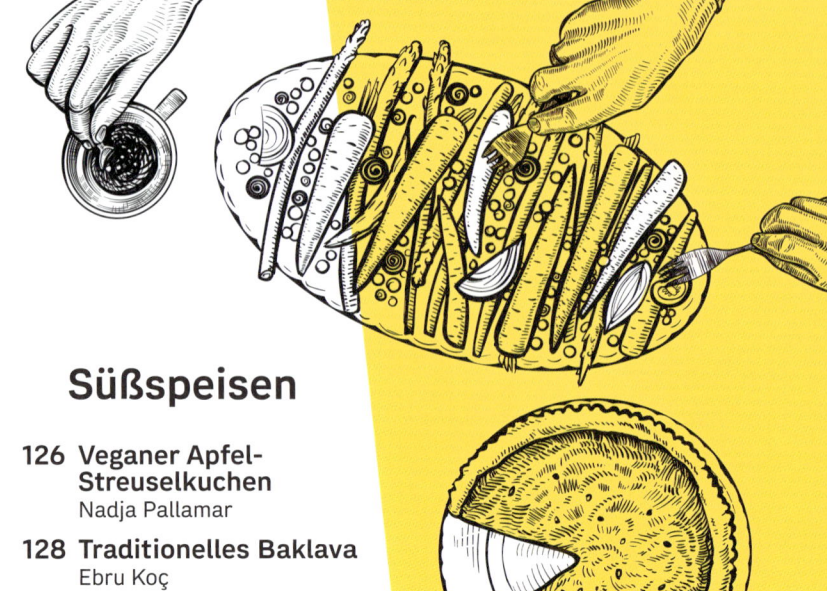

Süßspeisen

Lisa Schwinger
arbeitet im Logistikzentrum Steiermark in 8405 Kalsdorf

Lisa kocht gern einfache Gerichte, die sich schnell zubereiten lassen. Ausgewogene Ernährung ist ihr wichtig. Die Dattel-Curry-Creme mag sie, weil sie die exotischen Aromen Asiens mit der natürlichen Süße Afrikas vereint.

Dattel-Curry-Creme

Zutaten:

150 g Datteln, entsteint

1 Knoblauchzehe

300 g Frischkäse

200 g Sauerrahm

2 TL Curry

¼ bis ½ TL Salz

Cayenne-Pfeffer

Alle Zutaten werden in einer Küchenmaschine zu einer cremigen Masse verarbeitet.

Mit Gebäck, Crackern oder Gemüsesticks servieren.

Tipp: Die Dattel-Curry-Creme passt auch als Beilage zum Grillen und kommt immer gut an.

Almut Bertha
arbeitet in der Zustellbasis in 8380 Jennersdorf

Almut isst gern frisch zubereitete Lebensmittel.
Vieles davon kommt aus ihrem eigenen Garten oder aus der
Nachbarschaft. Pasta stellt sie aus Hartweizengrieß und den Eiern
ihrer eigenen Hühner her.

Nudelsalat

Zutaten:

300 g frische Pasta

1 mittelgroße Zucchini

3 Frühlingszwiebeln

100 g Pinienkerne

250 g Kirschtomaten

2 Kugeln Mozzarella

3 TL Kapern, eingelegt

100 g Rucola

100 g Tomatenpesto
(Pesto rosso)

1 Bund frisches Basilikum

Balsamico-Essig

Salz, Pfeffer

Öl

Nudeln nach Wahl bissfest (al dente) kochen, abseihen und abkühlen lassen. Pinienkerne ohne Öl anrösten.

Zucchini in Würfel schneiden und in etwas Öl gut anbraten. Tomaten und Mozzarella würfelig schneiden. Rucola waschen, Basilikum zerkleinern.

Die lauwarmen Nudeln mit sämtlichen Zutaten vermischen und mit Salz, Pfeffer und Balsamico-Essig abschmecken.

Den Salat ein bis zwei Stunden lang ziehen lassen.

Tipp: Die Mengenangaben sind Richtwerte. Weitere Zutaten können nach persönlichem Geschmack hinzugefügt werden.

Grozda Todic
arbeitet im Logistikzentrum in 1230 Wien

Nichts ist für Grozda so verbindend wie ein gemeinsames Essen. Es macht ihr Freude, die Lieblingsgerichte ihrer Familie zu kochen. Das in den Balkan-Ländern beliebte Cicvara schmeckt allen: als Vorspeise, Weihnachtsgericht oder als herzhaftes Frühstück.

Cicvara

Zutaten:

750 ml Milch

200 g Maismehl

300 g Käse

2 EL Schmalz oder Butter

Wasser

Salz

Etwas Wasser in einen Kochtopf geben, sodass der Boden bedeckt ist. Milch, geriebenen Käse, Schmalz (oder Butter) und eine Prise Salz hinzufügen. Zum Kochen bringen.

Sobald die Mischung köchelt, unter ständigem Rühren nach und nach das Maismehl dazugeben. Wenn eine homogene Masse entstanden ist, die Temperatur verringern und für 15 bis 30 Minuten auf kleiner Flamme weiterköcheln lassen.

Die Speise ist fertig, wenn sich das Fett an der Oberfläche sichtbar absetzt.

Tipp: Schnell und einfach zubereitet, besticht das Gericht vor allem bei der Qualität der Zutaten und dem „perfekten" Käse: Mit verschiedenen Sorten Reibekäse zu experimentieren lohnt sich, Grozda verwendet allerdings am liebsten Feta.

Cicvara ist ein sehr traditionelles Gericht, wie man es noch vor hundert Jahren in den ländlichen Küchen fast ganz Europas fand.

Cigdem Aydin
arbeitet im Logistikzentrum in 1230 Wien

Cigdem kocht, weil es ihr großen Spaß macht.
Mit Sarma, einem traditionellen türkischen Gericht,
verwöhnt sie ihre Familie und Freund*innen.

Sarma

Zutaten:

300 g frische Weinblätter

200 g Reis, gekocht

150 g Faschiertes

1 Zwiebel

1 Bund Petersilie

1 Bund Dille

2 EL Tomatenmark

1 Dose Tomaten, gestückelt

2 EL Olivenöl

Salz, Pfeffer

½ TL Zucker

½ TL Paprikapulver

½ TL Pfefferminze,
 getrocknet

Die Weinblätter in heißem Wasser einweichen. Zwiebel reiben und in Olivenöl glasig dünsten. Das Faschierte dazugeben und gut durchbraten. Tomatenmark und klein gehackte Tomaten hinzufügen. Petersilie und Dill hacken und nach Geschmack mit Paprikapulver, Pfefferminze, Pfeffer, Salz und etwas Zucker vermischen. Den vorgekochten Reis untermischen.

Einen Topf mit Weinblättern auskleiden. Die restlichen Blätter mit 1 bis 2 EL Reismischung füllen, aufrollen und an den Seiten einschlagen.

Die Röllchen in den Topf legen, mit eineinhalb Tassen Wasser übergießen und mit einem Teller beschweren.

Abgedeckt auf mittlerer Hitze dünsten, bis das Wasser komplett verdampft ist.

Die gefüllten Weinblätter werden kalt serviert.

Tipp: Frische Weinblätter erhält man in türkischen Spezialitätengeschäften. Aus der Dose sollten sie vor der Verarbeitung kalt gewässert werden, da sie mit Salz konserviert sind. Gefüllte Weinblätter eignen sich wunderbar als Fingerfood für Partys. Veganer*innen können statt Faschiertem feines Sojagranulat verwenden.

Ines Lindner
arbeitet in der Transportlogistik in 1030 Wien

Ines hat seit ihrer Kindheit den richtigen Riecher für Eierschwammerl. Sie sucht und findet sie in der Steiermark. Die Plätze bleiben geheim, Tipps gibt sie aber gern. Ines kocht auch deshalb, weil sie es liebt, anderen eine Freude zu machen.

Eierschwammerl mit Ei

Zutaten:

1 kg Eierschwammerl

2 Zwiebeln

8 Eier

Öl

Salz, Pfeffer

Schnittlauch

Butter

Eierschwammerl mit einer Pilzbürste putzen. Die größeren Pilze etwas klein schneiden. Die Zwiebeln kleinwürfelig schneiden und in einer großen Pfanne in Öl glasig anschwitzen.

Schwammerl dazugeben und ca. 15 Minuten unter ständigem Wenden bei mittlerer Hitze rösten. Schnittlauch klein schneiden.

Die Eier aufschlagen und in die Pfanne gleiten lassen. Das Ganze wenden, bis die Eier vollständig stocken. Anrichten und mit Schnittlauch garnieren.

Tipp: Ein paar Tropfen steirisches Kürbiskernöl verleihen eine leicht nussige Note. Das Gericht eignet sich auch als Hauptspeise. Dazu Schwarzbrotscheiben mit Butter bestreichen und Schnittlauch darauf verteilen.

Maria Klima
arbeitet im Zentralausschuss in 1030 Wien

Maria mag es besonders, für größere Gruppen zu kochen. Es macht sie zufrieden und glücklich, wenn sich die Gäste an ihrem Tisch versammeln, um zu genießen.

Fruchtiger Pilzsalat

Zutaten:

600 g Pilze gemischt (Austernpilze, Kräuterseitlinge, Champignons)

100 g Rucola oder Pflücksalat

1 Packung Kresse oder Sprossen

1 Handvoll Heidelbeeren

1 Dose Mandarinen- oder Orangenspalten

1 Handvoll Granatapfelkerne

2 EL Sesam

Öl

100 ml fruchtiger Essig (Mango, Granatapfel)

Die Pilze sorgfältig putzen und klein schneiden. Jede Pilzart separat anbraten (Achtung: unterschiedliche Garzeiten) und beiseitestellen.

Währenddessen Salat waschen und in mundgerechte Stücke zerpflücken. Auf einer Platte oder einzelnen Tellern Salatbett anrichten, Kresse oder Sprossen darauf verteilen. Mandarinen- bzw. Orangenspalten, Heidelbeeren und Granatapfelkerne darauflegen.

Pilze abkühlen lassen. Den Sesam mit der Restwärme in der Pfanne leicht anrösten.

Den Fruchtessig mit etwas Wasser verdünnen und den Salat beträufeln. Die Pilze darauflegen und mit Sesam bestreuen.

Tipp: Austernpilze entfalten ihr nussiges Aroma, wenn sie besonders lange gebraten werden. Kräuterseitlinge immer zum Schluss anbraten, da sie nach dem Abkühlen etwas zäh werden können.

Rolf Hafner
arbeitet im Logistikzentrum Steiermark in 8020 Graz

Für Rolf ist Essen wichtig, weil es glücklich macht. Punkt.
Er kocht seit seinem zwölften Lebensjahr. Egal ob ein Sieben-Gänge-
Menü, Impro-Kochen aus dem Kühlschrank oder Wettgrillen – er
traut sich über alles drüber. Hauptsache, es schmeckt den Menschen
um ihn herum.

Knoblauchrahmsuppe

Zutaten:

8 Knoblauchzehen

1 EL Mehl

750 ml Rindsuppe,
   alternativ Gemüsesuppe

250 ml Schlagobers

2 bis 3 Scheiben
   Schwarzbrot

Salz, Pfeffer

Kräuter nach Belieben

Öl, Butter

Knoblauchzehen schälen, feinblättrig schneiden und in etwas Öl leicht bräunen. Dadurch verliert der Knoblauch etwas von seiner Schärfe, und die Röstaromen steigern den Geschmack.

Mehl dazugeben und unter ständigem Rühren kurz mitrösten (Einbrenn). Mit der Suppe aufgießen, aufrühren und 10 Minuten leicht kochen lassen.

In der Zwischenzeit Schwarzbrot in kleine Würfel schneiden und in einer Pfanne mit etwas Butter knusprig anrösten.

Die Suppe vom Herd nehmen und mit einem Stabmixer pürieren. Nochmals kurz aufkochen, Topf von der heißen Platte nehmen und nach Belieben Schlagobers einrühren.

Mit den Brotwürfeln garnieren und servieren.

Tipp: Etwas aufgeschlagenes Schlagobers und ein paar Tropfen Kürbiskernöl machen sich gut beim Servieren.

Sandra Trötzmüller
arbeitet in der Systemlogistik in 2431 Enzersdorf an der Fischa

Gemeinsames Essen ist für Sandra wichtig, da man alle an einen Tisch bekommt und den Tag besprechen kann. Am liebsten kocht und bäckt sie für ihren Lebensgefährten und ihre Arbeitskolleg*innen. Mit den Lachsröllchen als leichte Vorspeise punktet sie besonders zu Weihnachten und Silvester.

Lachsröllchen
mit Frischkäse und Rucola

Zutaten:

Für die Palatschinken

75 g Weizenmehl

1 Ei

125 ml Vollmilch

3 EL zerlassene Butter

1 Prise Salz

Für die Füllung

100 g Frischkäse

125 g Ricotta

½ Limette

½ Bund Schnittlauch

½ EL Kren, frisch gerieben

200 g Räucherlachs

25 g Rucola

Salz, Pfeffer

Palatschinken

Milch mit dem Mehl zu einem glatten Teig verrühren, das Ei, eine Prise Salz und die zerlassene Butter unterrühren. Eine flache, beschichtete Pfanne erhitzen und mit ein wenig Butter auspinseln.

Mit einem Schöpfer die Teigmasse in die Mitte der Pfanne füllen und die Masse durch Schwenken gleichmäßig dünn verteilen. Die Palatschinken bei mittlerer Hitze goldbraun werden lassen, rundum seitlich mit einer Teigspachtel lösen, einmal umdrehen und aus der Pfanne nehmen. Palatschinken auf einem Teller stapeln, bis der Teig aufgebraucht ist.

Füllung

Ricotta, Frischkäse, fein geschnittenen Schnittlauch, Limettenschale und -saft, Salz, Pfeffer und den frisch geriebenen Kren gut vermengen.

Die Frischkäsemasse gleichmäßig auf die Palatschinken auftragen und den Räucherlachs und Rucola auflegen. Nun die Palatschinken einrollen und in Frischhaltefolie einwickeln. Für mindestens 1 Stunde oder länger in den Kühlschrank. Vor dem Servieren aus der Folie wickeln, in 2 Zentimeter dicke Scheiben schneiden und auf einer Platte anrichten.

Tipp: Mit einem Tupfer Frischkäse garnieren und mit Seehasenkaviar oder wahlweise echtem Kaviar dekorieren. Das macht die Häppchen noch eleganter.

Sonja Heinisch
arbeitet im Auftragsmanagement in 1210 Wien

In Sonjas Team rennt der Schmäh. „Wir sind ein eingespieltes Team mit viel Humor und Verständnis füreinander", sagt die Hobbyköchin. Zu Teamtagen mit gemeinsamem Mittagessen bringt jemand Gutes von zu Hause für alle mit, oder die Gruppe geht gemeinsam essen.

Reispapierdumplings

Zutaten:

12 Stück Reispapier
  (im Asia-Shop erhältlich)

4 bis 6 Knoblauchzehen

1 kl. Stück Ingwer (optional)

300 g braune oder weiße
  Champignons

250 g Wirsing

3 Karotten

½ Bund Frühlingszwiebeln
  (etwas davon zum
  Garnieren aufheben)

2 EL Sojasauce

3 EL Sesam

Chili, Salz, Pfeffer
  je nach Geschmack

Sesamöl

Das Gemüse in sehr feine Streifen schneiden und in einer Pfanne mit etwas Öl anbraten, bis es weich ist. Sojasauce dazugeben und alles etwas einköcheln lassen.

Das Reispapier kurz in eine größere Schüssel mit Wasser tauchen und anschließend auf ein befeuchtetes Brett legen. Ein bis zwei Esslöffel Füllung der Länge nach auf den unteren Teil des Reispapiers geben. Dann die linke, rechte und untere Seite einschlagen, sodass das Reispapier über der Füllung liegt. Nun den Teil mit der Füllung nach oben hin rollen und schließen.

Reispapierdumplings in Sesam wälzen und goldbraun anbraten.

Tipp: Lieber etwas weniger Füllung nehmen, damit das dünne Papier nicht reißt. Damit die Reispapier-dumplings stabiler sind, kann man auch eine zweite Lage an Reispapier verwenden. Dann wird die doppelte Menge Reispapier benötigt.

Daniela Führer
arbeitet im Servicecenter Geomarketing in 1030 Wien

Daniela kocht gern und freut sich, wenn es der ganzen Familie schmeckt. Ihr kleiner Sohn liebt die „kichernden Kügelchen" und die warmen Karotten, weshalb sie dieses Rezept empfiehlt.

Warmer Kichererbsensalat

Zutaten:

400 g Kichererbsen
(gekocht oder aus
der Dose)

1 rote Zwiebel

300 g Karotten

200 g Halloumi

4 Handvoll Rucola

2 EL Pinienkerne

Für das Dressing

3 EL Olivenöl

3 EL weißer Balsamico-
Essig

1 TL Creme
Balsamico, dunkel

1 TL Estragon-Senf

1 TL Honig

⅓ TL Salz

1 TL Küchenkräuter

Das Backrohr auf ca. 180 °C Umluft vorheizen. Kichererbsen, grob gehackte Zwiebel und in längliche Stücke geschnittene Karotten auf ein mit Backpapier belegtes Blech legen. Salzen, mit etwas Olivenöl beträufeln und ab ins Backrohr.

Nach 15 Minuten den in Würfel geschnittenen Halloumi dazugeben und für weitere 15 Minuten im Backrohr lassen.

In der Zwischenzeit Rucola waschen, Pinienkerne in einer Pfanne hellbraun anrösten und das Dressing zubereiten.

Gemüse und Halloumi aus dem Backrohr nehmen, mit Rucola und Dressing vermengen, auf Tellern verteilen und mit den Pinienkernen garnieren.

Tipp: Der Salat eignet sich auch als Hauptgericht. Dazu passen Kartoffelscheiben, die man mit etwas Salz und Olivenöl ca. 10 Minuten vor den Kichererbsen ins Backrohr gibt. Nach 40 Minuten alles zusammen anrichten und servieren.

Harald Lepschy
arbeitet in der Zustellbasis in 4210 Gallneukirchen

Ein gutes Essen kochen entspannt und beruhigt Standortleiter Harald.
Am liebsten bewirtet er damit Freund*innen und seine Familie.
Vielleicht ist das der Grund, warum Schweizer Wurstsalat sein Lieblings-
gericht ist: Er lässt sich leicht vorbereiten, auch in großen Mengen.

Schweizer Wurstsalat

Zutaten:

800 g Extrawurst

250 g Emmentaler

1 Zwiebel

100 g Essiggurken

Für das Dressing

100 ml Gurkenwasser

100 ml Wasser

2 EL Senf

4 EL Essig

8 EL Sonnenblumenöl

Salz, Pfeffer

Zucker

Schnittlauch
  nach Belieben

Wurst und Käse in etwa 5 Millimeter breite Streifen
schneiden, die Zwiebel in Ringe und die Essiggurken in
Streifen. Alle Zutaten in eine große Schüssel geben.

Für die Marinade Gurkenwasser, Senf, Essig und Öl
sowie Salz, Pfeffer und Zucker nach Belieben mit etwas
Wasser vermischen.

Die Marinade über die Wurst und den Käse gießen und
alles gut vermengen. Am Schluss fein geschnittenen
Schnittlauch darüberstreuen.

Tipp: Auch kleine Cocktailtomaten passen gut in den
Wurstsalat. Am besten schmeckt das Gericht, wenn
es ein paar Stunden vor dem Servieren zubereitet wird.
So kann das Dressing gut in die Zutaten einziehen.

Ulrike Germ
arbeitet in der Hausverwaltung der Logistikzentren Ost in 1230 Wien

Ulrike weiß gutes Essen zu schätzen. Um den perfekten Geschmack genießen zu können, kocht sie gerne selbst. Im Sommer liebt sie leichte Speisen.

Winzersalat

Zutaten:

150 g rote Weintrauben

400 g Blattsalat

150 g Käse
(Schimmelkäse, Parmesan, Emmentaler)

100 g ganze Walnüsse

100 g Cocktailtomaten

100 g Paprika

Für das Dressing

10 ml Balsamico-Essig

4 EL Olivenöl

1 EL Senf

1 TL Honig

Salz

Schnittlauch

Blattsalat waschen und in mundgerechte Stücke zerpflücken. Schnittlauch hacken. Käse in kleine Stücke schneiden. Die Cocktailtomaten vierteln und Paprika fein schneiden.

Zusammen mit den Weintrauben und den Walnüssen in einer Schüssel vermengen.

Für das Dressing zuerst Olivenöl und Balsamico-Essig verrühren. Senf, Honig und Salz nach Belieben hinzufügen und verrühren. Dressing über den Salat gießen, alles durchmischen und zum Schluss mit frischem Schnittlauch garnieren.

Tipp: Als Begleitung zum Salat passt knuspriges Baguette oder ein saftiges Roggenbrot.

Dilek Sarikamis-Baskut
arbeitet in der Personalsteuerung Logistikzentren West in 6960 Wolfurt

Essen bringt für Dilek die unterschiedlichen Kulturen in der Gesellschaft zusammen. Die Verbindung von verschiedenen Gerüchen mit dem Geschmack macht für sie das Kochen zu einer der schönsten Sachen der Welt. Am liebsten verwöhnt Dilek mit ihrer Küche Familie und Freund*innen.

Türkischer Bulgursalat Kisir

Zutaten:

250 g Bulgur

55 g Tomatenmark

55 g Paprikamark
 (Tatli Biber oder Ajvar)

1 Zwiebel

3 EL Olivenöl

1 EL Paprikapulver

½ TL Kreuzkümmel,
 gemahlen

2 Frühlingszwiebeln

14 Kirschtomaten

½ Salatgurke

1 Bund Petersilie

½ TL Salz

½ TL Pfeffer

60 ml Olivenöl

1 Zitrone

Bulgur mit der doppelten Menge leicht gesalzenem Wasser aufkochen. 10 Minuten bei geringer Hitze quellen lassen, bis das gesamte Wasser weg ist. Den Topf vom Herd nehmen und auskühlen lassen.

Zwiebel schälen und in feine Würfel schneiden. Olivenöl in einer Pfanne erhitzen und Zwiebel glasig andünsten. Tomatenmark, Paprikamark, Paprikapulver, Kreuzkümmel und 5 EL Wasser hinzufügen. Die Zwiebel-Gewürzmasse gut verrühren und 1 Minute anbraten. Anschließend die Pfanne vom Herd nehmen.

Zitrone halbieren und auspressen. Die Frühlingszwiebeln und Kirschtomaten waschen. Frühlingszwiebeln in feine Ringe schneiden und Tomaten vierteln. Gurke halbieren oder vierteln und in Würfel schneiden. Petersilie-Blätter fein hacken.

Alles zusammen in eine große Schüssel geben und die Zutaten gut vermengen. Mit Salz, Pfeffer, Olivenöl und Zitronensaft abschmecken und mindestens 30 Minuten oder über Nacht im Kühlschrank ziehen lassen.

Tipp: Ein Schuss Granatapfelsirup verleiht dem erfrischenden Salat eine besondere Note.

Gernot Siegert
arbeitet im Qualitätsmanagement im Logistikzentrum in 8405 Kalsdorf

Essen hat für Gernot eine enorme Bedeutung.
Nicht nur weil es lebensnotwendig ist, sondern weil es für ihn
eine Quelle von Genuss und Energie darstellt. Er kocht nicht oft,
aber wenn, mit Leidenschaft. Das Gericht mag er besonders,
denn seine Verwandten sind Kürbisbauern in der Südsteiermark.

Schilcherrahmsuppe
mit Kürbiskern-Speckstangerl

Zutaten:

300 g Kartoffeln

1 weiße Zwiebel

200 ml Schilcher

1 l Rindsuppe

2 EL Rapsöl

Salz, Pfeffer

Muskatnuss

25 ml Kürbiskernöl

25 ml Schlagobers

Für die Kürbiskern-Speckstangerl

1 Packung Blätterteig

10 bis 15 Scheiben
   Schinkenspeck

Kürbiskerne, gerieben

Zwiebel in Würfel schneiden. Kartoffeln schälen und grob würfelig schneiden. Anschließend Öl in einer Pfanne erhitzen, die Zwiebel goldbraun anrösten und mit Schilcher ablöschen. Die Flüssigkeit auf die Hälfte reduzieren lassen, dann die Kartoffeln dazugeben und mit Rindsuppe aufgießen. Mit Salz, Pfeffer und frisch gemahlener Muskatnuss würzen und so lange kochen, bis alle Zutaten weich sind.

Kürbiskern-Speckstangerl

In der Zwischenzeit das Backrohr auf 180 °C Heißluft vorheizen. Für die Speckstangerl den Blätterteig in ca. 3 Zentimeter breite Streifen schneiden. Jeden Streifen mit einer Scheibe Schinkenspeck belegen, eindrehen und mit Kürbiskernen bestreuen. Die Stangen ca. 20 Minuten im Backrohr backen, bis sie goldbraun sind.

Den Schlagobers in die Suppe geben und alles mit dem Pürierstab mixen. Suppe abschmecken, zum Schluss mit ein paar Tropfen Kürbiskernöl und Schlagobers verfeinern. Mit einem Kürbiskern-Speckstangerl anrichten.

Tipp: Dazu passt der restliche Schilcher, gut gekühlt! Schilcher ist eine Weinsorte (Roséwein) aus der Steiermark. Er wird aus der Rebsorte „Blauer Wildbacher" gewonnen.

Branka Popovic
arbeitet im Logistikzentrum Steiermark in 8405 Kalsdorf

Branka liebt es zu essen. Kochen ist für sie eine kreative Tätigkeit. Besonders gerne kocht sie für ihren Partner. Der Reissalat ist eine Eigenkreation von Branka.

Reissalat

Zutaten:

3 Tassen Rundkornreis

2 TL Salz

4 ½ Tassen Wasser

1 TL Pfeffer, gemahlen

200 g Kapern

200 g Radieschen

500 ml Mayonnaise

2 EL Senf

2 cl Apfelessig

Reis waschen, mit Wasser und Salz in einem Topf zum Kochen bringen. Die Hitze auf ein Minimum reduzieren und zugedeckt 15 bis 20 Minuten ziehen lassen. Wenn der Reis fertig gegart ist, in ein Sieb schütten, mit kaltem Wasser abschrecken und abtropfen lassen.

Die Radieschen fein reiben und mit den Kapern, der Mayonnaise und dem Senf in einer großen Schüssel unter den Reis mischen. Mit Essig und Pfeffer abschmecken und nach Belieben nachwürzen.

Tipp: Der Reissalat ist eine tolle Beilage für jedes Grillfest. Auch Cocktailtomaten, Lauchringe und klein gewürfelte Gurken (im Bild) passen gut in den Salat.

Zagorka Klose
arbeitet im Logistikzentrum Oberösterreich in 4511 Allhaming

Zagorka hält sich gerne an den Leitsatz „Kümmere dich um deinen Körper, es ist der einzige Ort, den du zum Leben hast". Deswegen ist es ihr wichtig, für sich und ihre Familie gut und regelmäßig zu kochen.

Projice

Zutaten:

4 EL Mehl

12 EL Maisgrieß

3 Eier

250 ml Joghurt

10 ml Öl

1 Packung Backpulver

250 ml Mineralwasser

250 g Hirtenkäse, zerkrümelt

Sesam

Das Backrohr auf 180 °C vorwärmen. Ein Backblech gut einfetten oder mit Backpapier auslegen. Das Mehl, den Maisgrieß und das Backpulver vermischen. Eier, Joghurt, Öl, Mineralwasser und Hirtenkäse in einer Schüssel verrühren und die trockenen Zutaten unterheben.

Die Masse auf das Backblech gießen, mit Sesam bestreuen und ca. 15–20 Minuten backen. In Stücke schneiden und warm oder kalt servieren.

Tipp: Die Projice-Masse kann auch in kleine Muffinförmchen gefüllt und so gebacken werden. Das sieht hübsch aus.

Jasmin Weiss
arbeitet in der Zustellbasis in 8082 Kirchbach

Jasmin achtet sehr auf abwechslungsreiches Essen, gerne auch einmal ohne Fleisch. Dieses leichte Rezept bedeutet wenig Zeitaufwand für sie, daher bereitet sie es vor allem im Sommer gerne für ihre Familie zu.

Halloumi-Grillbrot
mit Rucola

Zutaten:

4 Scheiben Schwarzbrot

8 kleine Tomaten

120 g Frischkäse

200 g Halloumi (Grillkäse)

2 Handvoll Rucola

4 TL Senf

2 TL Thymian, gehackt

4 TL Zitronensaft

Olivenöl

Salz, Pfeffer

Den Backofen auf 160 °C vorheizen. Die Brotscheiben mit Olivenöl beträufeln und ca. 10 Minuten im Ofen rösten. Herausnehmen und abkühlen lassen.

Inzwischen Rucola verlesen, waschen, trocknen und die großen Stiele entfernen. Tomaten waschen und in Scheiben schneiden.

Frischkäse mit Salz, Pfeffer und Senf zu einer Creme verrühren. Die abgekühlten Brotscheiben damit bestreichen. Mit Rucola und halbierten oder geviertelten Tomaten garnieren. Mit Thymian, Salz und Pfeffer würzen und mit Zitronensaft beträufeln.

Grillkäse in 1 cm dicke Scheiben schneiden und in der Pfanne mit wenig Öl kurz goldbraun anbraten. Den Grillkäse auf die Brote legen und servieren.

Tipp: Knusprig und locker ist der Grillkäse, solange er noch warm ist. Daher nicht zu lange warten und gleich genießen!

Nicole Altendorfer
arbeitet in der Zustellbasis in 4111 Walding

Nicole ist gelernte Köchin und Kochen gehört nach wie vor zu ihren liebsten Hobbys. Sie verwöhnt damit gerne Familie und Freund*innen.

Kürbiscremesuppe

Zutaten:

400 g Kürbis (Butternuss oder Hokkaido)

1 EL Butterschmalz

1 Zwiebel

250 ml Schlagobers

500 ml klare Gemüsesuppe oder Rindssuppe

Salz, Pfeffer

Muskatnuss

Thymian, frisch oder getrocknet

2 Korianderkörner

Zwiebel schälen, in feine Stücke schneiden und in einem Topf mit Butterschmalz anschwitzen. Den geschälten Kürbis in Würfel schneiden, kurz mit anbraten und mit der klaren Suppe aufgießen.

Mit Salz, Pfeffer, Muskat, Thymian und den Korianderkörnern würzen und die Kürbisstücke bei leichter Hitze weichkochen. Anschließend den Topf von der heißen Herdplatte nehmen und den Kürbis mit einem Pürierstab pürieren.

Die Suppe abschmecken, den Schlagobers einrühren und mit Kräutern der Saison bestreuen.

Tipp: Zum Verfeinern eignen sich auch ein paar Tropfen Kürbiskernöl und Kürbiskerne oder Brot-Croutons auf der bereits angerichteten Suppe.

Annemarie Lerchbacher
arbeitet als Lehrlingskoordinatorin in 8740 Zeltweg

Beim Kochen kann Annemarie so richtig gut abschalten und ihrer
Kreativität freien Lauf lassen. Das freut auch ihre Familie.

Lachstatar mit Avocado

Zutaten:

300 g Räucherlachs

3 Frühlingszwiebeln

2 Limetten

1 Knoblauchzehe

1 TL Senf

1 TL Honig

3 EL Olivenöl

Salz, Pfeffer

½ Bund Dille

1 Granatapfel

8 Scheiben Weißbrot

Für den Avocadoaufstrich

2 Avocados

1 Knoblauchzehe

2 EL Crème fraîche

1 EL Zitronensaft

Salz, Pfeffer

Den Lachs in sehr kleine Würfel schneiden und kühl stellen. In der Zwischenzeit Frühlingszwiebeln in feine Ringe schneiden und Dille hacken. Knoblauch ebenfalls sehr fein würfeln. Saft der Limetten mit dem Honig verrühren. Dann gemeinsam mit Frühlingszwiebeln, Dille, Knoblauch, Senf und Olivenöl zum Lachs geben und gut vermischen. Mit Salz und Pfeffer würzen. Das gut abgemischte Lachstatar kühl stellen.

Für den Aufstrich die Avocados in der Mitte aufschneiden, den Kern herausnehmen und die Schale entfernen. In Stücke schneiden und mit einer Gabel zerdrücken oder mit dem Pürierstab pürieren. Crème fraîche unterheben und mit dem Zitronensaft beträufeln. Mit Salz, Pfeffer und dem fein geschnittenen Knoblauch abschmecken. Für eine Stunde kalt stellen.

Beim Anrichten Lachs in eine schöne Form bringen und mit Kräutern garnieren. Avocadocreme auf die Weißbrotscheiben streichen und Granatapfelkerne darüber verteilen.

Tipp: Noch feiner wird die Speise, wenn das Brot kurz vor dem Servieren getoastet wird.

Hauptspeisen

36 Rezepte

Wer immer noch glaubt, zum Hauptgang müsse unbedingt Fleisch gereicht werden, sollte die folgenden Seiten ganz genau lesen. Dabei kommt der Appetit auf Bittergurken, Pirohy, Eierschwammerl, Kasnudeln, Karnıyarık, Matoke, Couscous-Schmarren oder Pizza Neapolitana ganz von selbst. Keine Bange, Fleischgerichte gibt es auch genügend, darunter Rehragout, Reisfleisch, Rib-Eye-Tacos, Kebap, Wurzelfleisch oder Khoreshte Gheymeh.

Katharina Ziegler
arbeitet in der Personalsteuerung Distribution Mitte in 8020 Graz

Katharina bereitet anderen gern Freude. Das gelingt beim Kochen besonders gut. Chili con Carne gibt es bei ihr traditionell zu Neujahr.

Chili con Carne

Zutaten:

1 Zwiebel

500 g gemischtes
  Faschiertes

3 EL Öl

Chili frisch oder als Pulver

1 kg Tomaten, passiert

Wasser

6 EL Suppenwürze

2 EL Zucker

1 Paprikaschote

1 Dose Kidneybohnen

1 Dose Mais

Salz, Pfeffer

Paprikapulver

Die Zwiebel klein schneiden und in Öl glasig dünsten. Das Fleisch dazugeben und anbraten. Sämtliche Gewürze, Suppenwürze und Zucker hinzufügen.

Die passierten Tomaten dazugießen und mit einem Kochlöffel alles gut durchrühren. Paprika klein schneiden, Kidneybohnen und Mais abtropfen lassen und beigeben. Nach Gefühl mit etwas Wasser die Konsistenz flüssig-sämig halten.

Auf kleiner Flamme 20–30 Minuten köcheln lassen.

Tipp: Dazu passen knuspriges Brot, Tortillas oder Nachos.

Terezia Paar
arbeitet im Logistikzentrum Steiermark 8020 Graz

Terezia hat sich für das traditionelle slowakische Gericht entschieden, weil sie damit glückliche Kindheitserinnerungen verbindet. Die Zubereitung lernte sie in den Sommerferien von ihrer Oma in der Slowakei. Heute kocht Terezia es für Familie und Freund*innen und macht sie damit glücklich.

Bryndzové Pirohy

Zutaten:

700 g Kartoffeln

200 g Mehl

1 Ei

1/2 TL Salz

250 g Bryndza

200 g Butter

2 Zwiebeln

250 ml Sauerrahm

Schnittlauch

Kartoffeln schälen, in Würfel schneiden und kochen. Wenn sie weich sind, abseihen und etwas abkühlen lassen. Danach stampfen und 150 g für die Fülle auf die Seite geben.

Die zerstampften Kartoffeln mit Mehl, Salz und Ei auf einer bemehlten Fläche zu einem glatten Teig verkneten. Den Teig ca. 2 bis 3 Millimeter dick ausrollen und ca. 8 Zentimeter große Kreise ausstechen.

Die restlichen Kartoffeln mit Bryndza und Schnittlauch vermischen. Auf jeden Teigkreis einen Teelöffel Fülle geben, zusammenklappen und die Ränder zusammendrücken.

In Salzwasser etwa 6 Minuten kochen lassen. Danach die Teigtaschen abseihen und auf einen Teller geben. In der Zwischenzeit die Zwiebeln in Butter goldbraun anrösten und auf den Pirohy verteilen. In die Mitte des Tellers einen Esslöffel Sauerrahm geben und mit dem fein geschnittenen Schnittlauch garnieren.

Tipp: Bryndza kennt man in Österreich als Brimsen, ein gesalzener Frischkäse aus Schafmilch.

Chiara Lee Halle
arbeitet im Content- & Social-Media-Management in 1030 Wien

Für Chiara ist gutes Essen der größte Luxus, den man mit Geld kaufen kann. Beim Kochen kann sie ihre Kreativität ausleben und sich nach der Arbeit entspannen. Am liebsten kocht sie für ihre Freund*innen.

Vegetarische Bolognese

Zutaten:

2 Karotten

2 Stangensellerie

100 g Sojagranulat

400 ml Wasser

1 TL Gemüsebrühe-Pulver

1 EL Sojasauce

3 EL Tomatenmark

1 Zwiebel

2 Knoblauchzehen

Olivenöl

1 Dose Tomaten, gestückelt

500 ml Tomaten, passiert

3 Lorbeerblätter

1 EL italienische Kräuter

Salz, Pfeffer

Für die Pasta

400 g Spaghetti

frisches Basilikum

Parmesan

Zwiebel und Knoblauch fein hacken, Sellerie und Karotten in kleine Würfel schneiden.

200 ml heißes Wasser mit Gemüsebrühe-Pulver, Sojasauce und 1 EL Tomatenmark vermischen und über das Sojagranulat gießen. Zehn Minuten einziehen lassen. Olivenöl in einer hohen Pfanne erhitzen, Zwiebel glasig dünsten, Knoblauch dazugeben. Das restliche Tomatenmark mit anrösten und Karotten und Sellerie dazugeben.

Das eingeweichte Sojagranulat in die Pfanne geben und 10 Minuten langsam anbraten.

Mit den Tomaten ablöschen, weitere 200 ml Wasser dazugeben und Kräuter hinzufügen. Zugedeckt auf niedriger Stufe mindestens eine halbe Stunde köcheln lassen. Zum Schluss mit Salz und Pfeffer abschmecken.

Spaghetti nach Packungsanweisung in gesalzenem Wasser kochen. Abseihen, Bolognese darauf verteilen und mit frischem Basilikum und geriebenem Parmesan garnieren.

Tipp: Je länger sie köchelt, desto besser wird die Bolognese im Geschmack.

Ingeborg Scheiblhofer
arbeitet in der Postfiliale in 7100 in Neusiedl am See

Kochen gehört zu Ingeborgs Hobbys. Sie liebt es, in der Küche
Neues auszuprobieren, kocht aber auch gern traditionelle Gerichte.
Am allerliebsten kocht sie für Familie und Freund*innen, aber auch die
Kolleg*innen durften sich schon an ihrer Kochleidenschaft erfreuen.

Burgenländischer Bohnenstrudel

Zutaten:

Für den Teig

350 g glattes Mehl

1 Ei

200 ml lauwarmes Wasser

Öl

Salz

Für die Füllung

250 g Grieß

100 ml Wasser

250 g Bröseltopfen

Für die Sauce

1 Zwiebel

2 Knoblauchzehen

Öl

2 Dosen weiße Bohnen

Essig

1 Würfel Gemüsebrühe

Salz, Pfeffer

Für den Strudelteig alle Zutaten zu einem glatten Teig
verarbeiten und etwas rasten lassen. In der Zwischenzeit Grieß in einem Topf anrösten und unter ständigem
Rühren mit Wasser ablöschen. Der Schmalzkoch wird
rasch zu einer festen Grießmasse, die auskühlen darf.

Nun den Teig auswalken und dünn ausziehen. Schmalzkoch darüberstreuen, Bröseltopfen darauf verteilen
und den Teig einrollen. Kleine Strudelstücke abdrücken
und an den Enden verschließen. Die Strudelstücke in
Salzwasser etwa 8 bis 12 Minuten leicht kochen lassen,
bis sie durch sind.

Sauce

In einem Topf die fein gehackte Zwiebel und den gehackten Knoblauch in etwas Öl anschwitzen. Die Bohnen abgießen, waschen und dazugeben. Mit Salz, Pfeffer
und Essig abschmecken und den Brühwürfel einrühren.
In wenig Wasser köcheln lassen. Wenn gewünscht, die
Bohnen mit etwas Mehl binden.

Nun die Strudelstücke aus dem Kochwasser heben
und mit den Bohnen auf einem Teller oder einer Platte
anrichten und servieren.

Tipp: Das Rezept, das sehr alt ist und im Original
„Gsottener Strudl mit Bohnen" heißt, ist auch praktisch
fürs Kochen auf Vorrat: Der fertige Strudel lässt sich
problemlos einfrieren.

Christoph Waldsam
arbeitet in der Zustellbasis in 8786 Rottenmann

Christoph weiß gutbürgerliche österreichische Küche zu schätzen.
Selbst kocht der Hobbyjäger vor allem Wild und natürlich Eierschwammerl.
Im Jahr zwei- bis dreimal Schwammerl brocken ist für ihn ein Muss.

Schwammerlgulasch

Zutaten:

700 g frische
  Eierschwammerl

1 Zwiebel

1 TL Paprikapulver

1 EL Mehl

125 ml Sauerrahm

Öl

Salz

Die Zwiebel hacken und mit etwas Öl goldgelb anrösten.

Eierschwammerl putzen und die größeren in mundgerechte Stücke schneiden. Zu den Zwiebeln geben und mit Paprikapulver und Salz würzen.

Köcheln lassen, bis die Flüssigkeit aus den Schwammerln verdampft ist. Mit Mehl bestäuben, Sauerrahm hinzufügen und die Sauce eventuell mit etwas Wasser verlängern.

Noch kurz weiterkochen und am besten frisch servieren. Dazu schmecken Semmelknödel.

Tipp: Es lohnt sich, während der Schwammerlsaison selbst auf Pilzsuche zu gehen. So ist das Gericht nicht nur garantiert frisch und gesund, sondern auch preiswerter.

Verena Sturm
arbeitet in der Zustellbasis in 6460 Imst

Liebe geht durch den Magen, weiß Verena: Die Enchiladas Rojas waren das erste Rezept, das sie von ihrem Mann geschenkt bekommen hat. In seiner Familie wird es bereits seit Jahrzehnten gekocht.

Enchiladas Rojas

Zutaten:

8 Stück kleine Mais-Tortillas

600 g Kartoffeln

3 Karotten

2 Zwiebeln

150 g Käse, gerieben

optional: 350 g Hühnerfilet, gebraten

3 EL Öl

3 EL Mehl

1 TL Cayennepfeffer

1 TL Kreuzkümmel, gemahlen

1 TL Oregano, getrocknet

½ TL Knoblauch, gemahlen

Zimt

2 EL Tomatenmark

500 ml Wasser

1 Würfel Gemüsebrühe

1 TL Apfelessig

½ Packung Feta

3 Tomaten

½ Eisbergsalat

Salz, Pfeffer

Kartoffeln und Karotten schälen, klein schneiden und mit wenig Salz weich kochen. Für die Hühnerfleischvariante das Filet klein schneiden und durchbraten. Öl in einem Topf erhitzen, fein gehackte Zwiebeln, Mehl und Gewürze dazugeben und mit einem Schneebesen mischen. Etwa 1 Minute lang erhitzen. Das Tomatenmark, das Wasser und den Suppenwürfel hinzufügen. Die Sauce anschließend 6 bis 8 Minuten lang kochen, bis sie etwas eindickt. Zur Seite stellen, Essig zugeben und mit Salz und Pfeffer abschmecken.

Sobald die Kartoffeln und Karotten weich sind, Wasser abgießen und leicht zerstampfen, sodass die Karotten noch leicht stückelig sind. Mit der Hälfte der Sauce mischen. Falls vorhanden, Huhn in kleine Fasern zerteilen.

Die Tortillas beidseitig mit Öl bestreichen und einzeln von beiden Seiten in einer Pfanne braten, bis sie leicht braun, aber nicht hart sind. Tortillas zugedeckt auf die Seite stellen.

Eine Ofenform leicht ölen und eine dünne Schicht Sauce am Boden der Form verteilen. Eine Tortilla nehmen, eine kleine Menge Sauce, 2 EL Kartoffelmischung und optional Huhn in die Mitte geben und einrollen. Mit den anderen Tortillas ebenso verfahren und die Rollen in der Form nebeneinander stapeln. Die restliche Sauce und den Käse darüber verteilen und für 20 Minuten bei 180 °C backen.

Währenddessen Salat und Tomaten klein schneiden und den Feta zerbröseln. Die gefüllten Tortillas (Enchiladas) ein paar Minuten abkühlen lassen, damit sie ihre Form behalten, wenn man sie herausholt. Zum Servieren die Enchiladas mit Fetabröseln, Tomaten und Salat bestreuen.

Martin Singer
arbeitet in der Personalsteuerung im Logistikzentrum in 8405 Kalsdorf

Kochen macht Martin großen Spaß. So experimentiert er in der Küche und verwöhnt mit den Gerichten seine Familie. Das Gulasch vom Huhn nach ungarischer Art mag er, weil es ein wärmendes und herzhaftes Essen ist und schnell zubereitet werden kann.

Gulasch vom Huhn

Zutaten:

2 Zwiebeln

600 g Hühnerbrust

3 EL Paprikapulver

2 EL Mehl

500 ml Gemüsesuppe

1 TL Knoblauchpulver

Salz, Pfeffer

Für das Gulasch die Hühnerbrust gut abspülen, trocken tupfen und in Würfel schneiden. Die Zwiebeln schälen, klein hacken und in einer Pfanne glasig dünsten.

Anschließend das Hühnerfleisch hinzufügen und kurz anbraten. Paprikapulver unterrühren und sofort mit der Gemüsesuppe aufgießen. Mit Knoblauchpulver und Salz würzen.

Das Mehl mit etwas Wasser glatt rühren, zugeben und etwa 8 Minuten lang bei geringer Hitze köcheln lassen.

Tipp: Dazu passen Nudeln, Nockerl, Knödel oder frisches Brot und Gebäck.

Gülseren Gülmez
arbeitet im Logistikzentrum in 1230 Wien

Beim Kochen wie beim Essen ist Gülseren eine Genießerin.
Mit Liebe Speisen zuzubereiten gibt ihr Energie. Vor allem,
wenn sie für ihre Lieben kocht.

Hähnchen Beyti aus dem Ofen

Zutaten:

Für das Hähnchen

500 g Hühnerbrust, gefroren
3 bis 4 EL Olivenöl
½ EL Butter
2 grüne Spitzpaprikas
1 rote Spitzpaprika
1 Zwiebel
2 Knoblauchzehen
1 TL Paprikapulver
½ TL Thymian
1 Messerspitze Chiliflocken
Petersilie
2 runde Teigblätter (Yufka)
150 ml Wasser
50 ml Öl
1 EL Tomatenmark
Salz, Pfeffer

Für die Sauce

2 El Butter
3 EL Olivenöl
4 EL Tomatenmark
300 ml Wasser
1 Knoblauchzehe
250 ml Naturjoghurt
Salz, Pfeffer
Zucker

Hähnchen

Zwiebel, Petersilie und Paprikas fein hacken.
Die noch leicht gefrorene Hähnchenbrust in feine Scheiben schneiden. Olivenöl und Gewürze (außer Chili) in eine Pfanne geben und mit dem Fleisch zusammen anbraten. Butter, Zwiebel, Paprikas und zerdrückten Knoblauch dazugeben und unter ständigem Wenden weiterbraten. Zum Schluss Chiliflocken und fein gehackte Petersilie darüberstreuen und vom Herd nehmen.

Wasser, Öl und Tomatenmark mischen und mit einem Pinsel auf den Teigblättern verteilen. Die Ränder nach innen klappen und ebenfalls mit der Mischung bestreichen. Hähnchenpfanne in den Teig wickeln. In 2 bis 3 fingerbreite Stücke schneiden und in eine gefettete Backform legen. Mit der restlichen Sauce bestreichen. Im vorgeheizten Backofen bei 200 °C 35 Minuten backen.

Sauce

Für die Tomatensauce Butter und Öl schmelzen. Tomatenmark und zerdrückten Knoblauch hinzufügen und braten. Wasser, Salz, Pfeffer und Zucker dazu. 5 Minuten bei mittlerer Hitze köcheln lassen.

Joghurt mit Salz verrühren. Das Hähnchen aus dem Ofen nehmen. Mit Tomatensauce übergießen und mit Joghurt servieren.

Tipp: Den Filo- oder Yufka-Teig bekommt man fertig im Supermarkt. Er kann aber auch selbst gemacht werden.

Martin Reiner
arbeitet in der Zustellbasis in 9800 Spittal/Drau

Als professioneller Koch war Martin schon mit 29 Jahren unter den Top drei in Kärnten. Heute kocht er am liebsten für Freund*innen und Familie.
Mit regionalen, nachhaltigen Produkten und dem Ehrgeiz, den kulinarischen Horizont stetig zu erweitern.

Kärntner Kasnudeln

Zutaten:

Für den Vollkornnudelteig

600 g Mehl universal

400 g Vollkornmehl

500 ml lauwarmes Wasser

2 El Öl

Salz

Für die Füllung

1 kg mehlige Kartoffeln

1 kg Bröseltopfen
  (Bauerntopfen, trocken)

3 Zwiebeln

50 g Nudelminze

10 g Kerbel

Muskatnuss

Salz, Pfeffer

Die Mehlsorten vermengen. Lauwarmes Wasser mit Öl und Salz verrühren und mit der Mehlmischung von Hand oder mit der Rührmaschine zu einem glatten Teig kneten. Den Teig in eine Frischhaltefolie wickeln und im Kühlschrank etwa eine Stunde rasten lassen.

Für die Füllung die Kräuter fein hacken und gut mit den gekochten Kartoffeln und dem Bröseltopfen vermengen. Mit einem Eisportionierer gleich große Halbkugeln formen.

Den Teig auf einer mit Mehl bestäubten Fläche dünn ausrollen und Kreise ausstechen. Die Nudelfülle-Halbkugeln in die Mitte der Kreise platzieren. Teigblätter samt Fülle in die Mitte der Hand nehmen, Seitenteile nach oben ziehen, in der Hälfte falten und an den Rändern zusammendrücken. Besonders schön werden die Nudeln, wenn die Ränder gekrendelt (leicht eingedreht) werden.

Nudeln in gesalzenem, leicht wallendem Wasser rund 10 bis 15 Minuten ziehen lassen. Mit etwas brauner Butter und frisch geschnittenem Schnittlauch servieren.

Hinweis: „Krendeln" ist eine traditionelle Technik. Sie wird eingesetzt, um Teigtaschen kunstvoll zu verzieren und den Teig gut zu verschließen. Dabei wird der Rand so gefaltet, dass ein wellenförmiges Muster entsteht.

Vanessa Rahn
Reporting und Projekte der Logistikzentren West in 5071 Wals

Essen ist für die aus Norddeutschland stammende Vanessa wichtig, weil sie sich dafür eine Ruhephase gönnt und dabei Energie tankt. Sie kocht gerne für Freund*innen und Familie, so auch dieses traditionelle Seemannsgericht.

Labskaus

Zutaten:

1 kg mehlige Kartoffeln

500 g Rindfleisch, gekocht (z. B. Tafelspitz)

2 Zwiebeln

4 Gewürzgurken

4 Eier (optional)

4 EL Rote Rüben, gehackt (aus dem Glas)

4 Rollmöpse (optional)

50 g Butter

Muskatnuss

Salz, Pfeffer

Kartoffeln schälen, würfeln und in Salzwasser weich kochen. Das gekochte Rindfleisch in kleine Würfel schneiden oder mit einer Gabel zerpflücken. Die Zwiebeln schälen, fein hacken und in einem Topf glasig dünsten. Weich gekochte Kartoffeln abgießen und mit einem Kartoffelstampfer fein zerstampfen. Das Rindfleisch und die Zwiebeln unter die Kartoffelmasse mischen und mit Salz, Pfeffer und Muskatnuss abschmecken.

In einer anderen Pfanne Spiegeleier braten (optional). Die Gewürzgurken in Scheiben schneiden. Die Roten Rüben grob hacken oder pürieren. Den Labskaus anrichten und jeweils mit einem Spiegelei, optional einem Rollmops, Gewürzgurken und Roten Rüben garnieren.

Tipp: Ein Teil der Roten Rüben kann püriert und mit der Kartoffel-Fleisch-Masse verrührt werden, was zu einer schönen Farbe des Gerichts führt.

Kamran Karimi Moozarmi
arbeitet in der Abteilung Logistikinfrastruktur in 1030 Wien

Kamran kocht mit großer Freude für Menschen, die er liebt. Das Rezept dieses iranischen Eintopfs erinnert ihn an den Iran und seine Familie. Der Duft von Safran weckt bei ihm Kindheitserinnerungen, die sein Herz mit Wärme füllen.
In der Küche findet er eine Brücke zurück zu seinen Wurzeln.

Khoreshte Gheymeh

Zutaten:

Für die Sauce

500 g Lamm- oder Rindfleisch, in kleine Würfel geschnitten

1 Zwiebel

1 Tasse gelbe gespaltene Erbsen (Gheymeh)

4 getrocknete Limetten (Limoo Amani)

3 EL Tomatenmark

2 Tomaten, geschält und gehackt

1 TL Kurkuma

½ TL Zimt, gemahlen (optional)

1 TL Zitronensaft

4 EL Pflanzenöl

1 Prise Safran

Salz, Pfeffer

Für die Beilagen

3 bis 4 Kartoffeln

2 Tassen Basmati-Reis

4 Tassen Wasser

4 EL Butter oder Pflanzenöl

1 Prise Safran

Salz

Sauce

Öl in einem großen Topf erhitzen, die gehackte Zwiebel darin goldbraun anbraten. Fleisch hinzufügen und anbraten, bis es braun wird. Kurkuma dazugeben und gut vermischen. Das Tomatenmark und die gehackten Tomaten hinzufügen und die Mischung 10 bis 15 Minuten braten, bis sie eine dunkelrote Farbe annimmt.

Salz, Pfeffer und Zimt hinzufügen. Die gewaschenen Spalterbsen und die getrockneten Limetten dazugeben, mit Wasser bedecken und zum Kochen bringen. Den in 2 EL Wasser aufgelösten Safran gut unterrühren. Hitze reduzieren und den Eintopf ca. 1,5 bis 2 Stunden köcheln lassen, bis das Fleisch und die Erbsen weich sind. Bei Bedarf etwas Wasser hinzufügen. Mit Zitronensaft abschmecken.

Beilagen

Währenddessen die Kartoffeln längs, ähnlich wie Pommes frites, schneiden und in heißem Öl goldbraun frittieren. Auf einem Küchenpapier abtropfen lassen und salzen.

Den Reis waschen und in Wasser einweichen. Wasser zum Kochen bringen, Salz und Reis einrühren. Reis 5 bis 7 Minuten kochen, bis er fast gar ist. In einem Sieb abgießen, mit kaltem Wasser waschen und abtropfen lassen. Butter oder Öl erhitzen und den vorgekochten Reis zugeben. Einen Topfdeckel mit einem Geschirrtuch umwickeln. Bei geschlossenem Deckel und niedriger Hitze den Reis 30 bis 40 Minuten dämpfen. Einen kleinen Teil des fertigen Reises in eine kleine Schüssel geben und mit dem aufgelösten Safran vermischen. Den weißen Reis auf einer Platte anrichten, Safranreis darüber verteilen. Zusammen mit Khoreshte Gheymeh servieren.

Hüseyin Demirarslan
arbeitet im Logistikzentrum Steiermark in 8405 Kalsdorf

Essen bedeutet für Hüseyin Genuss. Wenn er türkisch kocht,
fühlt er sich besonders mit seinen Wurzeln und seiner Kultur verbunden.
Er liebt die Gastfreundschaft und Fürsorge und verwöhnt gemeinsam
mit seiner Frau Familie und Freund*innen.

Karnıyarık (gefüllte Melanzani)

Zutaten:

4 Melanzani, länglich

150 ml Öl

2 grüne Spitzpaprikas

6 Kirschtomaten

1 Zwiebel

300 g Faschiertes vom Rind

1 Fleischtomate oder
  ½ kleine Dose gehackte
  Tomaten

1 EL Tomatenmark

1 EL Paprikamark, scharf

1 TL Paprikaflocken, scharf

Salz, Pfeffer

Zucker

250 ml Naturjoghurt

Salz

Von den Melanzani mit einem Sparschäler längs einige Streifen herunterschneiden, sodass eine Art Zebramuster entsteht. Die Melanzani salzen und mindestens 30 Minuten lang abtropfen lassen. Ganz in eine Pfanne mit heißem Öl geben und rundherum anbraten, bis sie weich werden. Herausheben und auf Küchenkrepp das Öl abtropfen lassen.

Zwiebel in feine Würfel schneiden und in einer Pfanne mit Öl glasig andünsten. Das Faschierte dazugeben und kräftig anbraten. Währenddessen die Fleischtomate auf einer groben Reibe reiben. Alternativ eine halbe Dose gehackte Tomaten verwenden. Ist das Faschierte gut angeröstet, Tomatenmark, Paprikamark und Paprikaflocken hinzugegeben. Mit dem Tomatenfruchtfleisch und 5 bis 6 EL Wasser ablöschen. Salzen, pfeffern und bei Bedarf mit einer Prise Zucker nachsüßen. Alles für ca. 10 Minuten dickflüssig einköcheln lassen.

Den Backofen auf 200 °C vorheizen. Die Melanzani in eine geölte Auflaufform legen und der Länge nach mit einem spitzen Messer vorsichtig an der Oberseite von oben nach unten einschneiden. Den Schnitt mit einem Löffel weiten, sodass kleine Schiffchen entstehen. Spitzpaprikas längs halbieren und entkernen, die Kirschtomaten halbieren. Die Fleischfüllung in die Melanzani-Schiffchen geben und jeweils mit einem halben grünen Paprika und drei Kirschtomatenhälften dekorieren. Das Karnıyarık für 20 Minuten im Ofen braten, bis die Paprikas erste braune Stellen bekommen. Warm mit Joghurt servieren.

Tipp: Dazu passt türkisches Fladenbrot.

Manuel Gierlinger
arbeitet in der Zustellbasis in 4121 Altenfelden

Die Liebe zum Essen liegt bei Manuel in der Familie.
Dem von seiner Tante oft geäußerten Spruch „Essen hält Leib und
Seele zusammen" stimmt er zu, schließlich hat er auch eine Ausbildung
in der Gastronomie. Heute kocht Manuel gerne für seine Lieben,
denn sie wissen seine Künste zu schätzen.

Lachsforelle vom Grill

Zutaten:

2 Lachsforellen à 400 g

1 Zitrone

frischer Thymian

frische Petersilie

2 Knoblauchzehen

1 Tomate

80 g Butter

Salz, Pfeffer

Die Lachsforellen gut waschen und trocken tupfen. Innen und außen mit Salz, Pfeffer und Zitronensaft würzen. Mit Petersilie und Thymian füllen.

Den Grill heiß werden lassen und die Lachsforellen auflegen. Nach etwa 6 Minuten vorsichtig wenden. Nach weiteren 6 Minuten sind die Lachsforellen gar.

Die Tomate in Würfel schneiden und den Knoblauch fein hacken. Die Butter in einem Topf erwärmen und Tomate, gehackten Knoblauch, etwas Zitronensaft und Petersilie hinzufügen. Vorsichtig über die Fische verteilen und servieren.

Tipp: Dazu passen Brat- oder Petersilkartoffeln und einige Zweige Rosmarin.

Alara Efe
arbeitet in der Zustellbasis in 1230 Wien

Alara mag dieses Rezept besonders, weil es einfach in der Zubereitung ist und wenig Fleisch beinhaltet. Sie kocht es bevorzugt für ihre Familie.

Sömelek Köftesi
aus Kahramanmaraş

Zutaten:

250 g feiner Bulgur
  für Köfte

100 g Grieß

250 ml kochendes Wasser

1 Ei

200 g Faschiertes vom Kalb

½ Zwiebel

1 EL Tomatenmark

1 EL Paprikamark

1 TL Paprikapulver

1 TL Kreuzkümmel

Salz, Pfeffer

Zitrone

Für die Tomaten-Buttersauce

2 EL Butter

2 EL Paprikamark

2 EL Tomatenmark

1 TL Paprikapulver

1 TL Minze, getrocknet

Salz, Pfeffer

500 ml Kochwasser

Bulgur und Grieß mit heißem Wasser übergießen, durchmischen und einige Minuten quellen lassen, bis die Masse fest wird. Die halbe Zwiebel schälen und reiben.

Alle Zutaten in eine große Schüssel geben und mit den Händen oder mit einer Küchenmaschine gut durchkneten. Mit angefeuchteten Fingern kleine, ovale Köftesi formen. Auf einem mit etwas Mehl bestäubten Brett ablegen.

Kochwasser mit ein paar Tropfen Zitronensaft und einem Teelöffel Salz vorbereiten. Die Köftesi etwa 7 Minuten in leicht kochendem Wasser sieden. Auf einem Küchenkrepp abtropfen lassen.

Für die Sauce Butter in einem Topf schmelzen, sämtliche Gewürze sowie Tomaten- und Paprikamark dazugeben und mit dem Kochwasser der Köftesi etwas einköcheln lassen.

Köftesi in die Sauce geben und servieren.

Tipp: Köftesi am besten mit einem Knoblauch-Joghurt-Dipp servieren.

Andrea Schneeberger
arbeitet in der Zustellbasis in 8680 Mürzzuschlag

Wenn Andrea Hunger hat, wirkt sich das direkt auf ihre Laune aus – negativ. Deswegen schätzt sie gutes Essen. Als Hobbyköchin probiert sie immer wieder neue Speisen aus. Kommt Besuch, legt sie sich besonders ins Zeug. Dann ist gute Laune garantiert!

Kohlrabi-Spaghetti

Zutaten:

2 Zwiebeln

1 großer Kohlrabi

250 ml Milch

250 g Crème fraîche
  mit Kräutern

250 g Sauerrahm

200 g Kochschinken

500 g Spaghetti

Salz, Pfeffer

Die Zwiebeln und den Schinken klein schneiden, nacheinander extra anrösten und danach zusammen in einen Topf geben.

Den Kohlrabi in kleine Würfel oder Stifte schneiden und hinzufügen. Mit Milch aufgießen und so lange leicht köcheln, bis der Kohlrabi weich ist. Die Crème fraîche und Sauerrahm einrühren und kurz noch einmal aufkochen lassen. Mit Salz und Pfeffer würzen.

Die Spaghetti laut Packungsanweisung al dente kochen und mit der Kohlrabi-Sauce mischen.

Tipp: Im Sommer bietet es sich an, ungewürzte Crème fraîche und frische Kräuter zu verwenden. Vegetarier*innen können den Schinken einfach weglassen!

Christoph Reimer
ist Business Analyst im Bereich Personalsysteme in 1030 Wien

Essen spielt in Christophs Leben eine zentrale Rolle, weil er leidenschaftlich gern kocht und noch viel lieber isst. Gute Gewürze und Gerüche führen bei ihm zu einem wohligen Gefühl. Dem geborenen Tiroler macht es Spaß, Freund*innen und Familie mit neuen oder bekannten Rezepten zu bekochen.

Indisches Linsen-Dal

Zutaten:

2 rote Zwiebeln

4 bis 5 Knoblauchzehen

1 kl. Stück Ingwer

200 g Linsen
  (rote oder gelbe)

2 bis 3 Datteltomaten

250 g Tomaten, passiert

500 ml Gemüsesuppe

400 ml Kokosmilch

1 Bund Petersilie

1 TL Paprikapulver

1 TL Kurkuma

1 TL Currypulver

1 TL Kreuzkümmel
  (ganz oder gemahlen)

1 TL indische Gewürz-
  mischung Garam Masala

1 TL rote Currypaste

1 Limette

Kokosfett

Woköl

200 g Reis

2 TL Sauerrahm

1 Bund Koriander

Knoblauch, Zwiebeln und Ingwer schälen. Die Zwiebeln in Würfel und den Ingwer in kleine Stücke schneiden. Die Knoblauchzehen durch eine Presse drücken. Mit Woköl und Kokosfett anbraten. Currypaste, Kurkuma, Paprika- und Currypulver zugeben. Weiter scharf anbraten und die halbierten Datteltomaten dazugeben.

Mit der Kokosmilch ablöschen und die restlichen Gewürze (Kreuzkümmel und indische Gewürzmischung) einstreuen. Die Kokosmilch aufkochen lassen, die Linsen dazugeben und mit der Gemüsesuppe aufgießen. 20 Minuten auf mittlerer Flamme köcheln lassen, dann die passierten Tomaten und die gehackte Petersilie untermischen und weitere 20 Minuten köcheln lassen.

Zum Abschluss den Saft einer Limette einrühren. Mit Koriander garnieren und zusammen mit gekochtem Reis und Sauerrahm servieren.

Tipp: Wer es etwas schärfer möchte, kann Chilischoten nach Geschmack dazugeben.

Roberto Moro
arbeitet in der Zustellbasis in 8405 Kalsdorf

„Durch das Kochen erzählen wir auch etwas über uns",
ist sich Roberto sicher. Der gebürtige Sarde kocht für Menschen,
die ihm wichtig sind. Das Rezept verbindet die Küche
seiner alten Heimat mit seiner neuen.

Schweinsfilet
mit geräuchertem Speck

Zutaten:

2 Filets vom Schwein

20 Scheiben Speck,
  geräuchert

1 Bund Spargel

Demi-glace (Sauce)

Essbare Blüten zur
  Dekoration

Salz, Pfeffer

Öl

Die Filets von überschüssigem Fett befreien. Das Fleisch salzen, pfeffern und mit den Speckstreifen umwickeln. Öl in einer Pfanne erhitzen und die „Filetpäckchen" von allen Seiten scharf anbraten. Danach im Backrohr bei 180 °C 10 bis 15 Minuten fertiggaren.

Den Spargel mit einem Sparschäler längs in Streifen „schälen" und in einer Pfanne mit Öl und Knoblauch kurz anbraten. Zusammen mit den Filets auf einem Teller anrichten. Die erwärmte Demi-glace dazugeben und nach Belieben mit essbaren Blüten dekorieren.

Tipp: Die Demi-glace ist eine kräftige Fleischsauce. Sie gilt in der französischen Küche als „die Königin der Saucen". Da sie viel Zeit zur Herstellung benötigt, darf hier auch zu einem fertigen Saucenprodukt gegriffen werden.

Ralph Hoffer
ist verantwortlich für Umwelt- & Wertstoffmanagement in 1030 Wien

„Beim Essen kommen die Leute zusammen. Die Atmosphäre ist meist viel lockerer, vielen fällt das Kennenlernen dadurch leichter", findet Ralph. Er kocht für Menschen, die es wertschätzen. Wild mag er, weil es regional und in der Regel qualitativ hochwertig ist.

Rehragout

Zutaten:

1 kg Gulaschfleisch vom Reh

2 Bund Suppengrün

1 Zwiebel

2 EL Ketchup

3 EL Wacholderbeeren

2 EL Pfefferkörner

1 Liter Fond (Gemüse-, Rind- oder Wildfond)

2 EL Preiselbeermarmelade

1 Rippe dunkle Kochschokolade

Öl

150 ml Rotwein

2 bis 3 TL Maisstärke

Salz, Pfeffer

Das Wurzelwerk des Suppengrüns schälen und grob schneiden. Die Zwiebel würfeln. Etwas Öl im Topf erhitzen, das Fleisch kurz anbraten, Zwiebel und restliches Gemüse hinzufügen. Mit Salz, Pfeffer, angedrückten Wacholderbeeren und grob gestoßenen Pfefferkörnern würzen.

Bei mittlerer Hitze Ketchup zugeben und unter regelmäßigem Rühren 20 Minuten anrösten. Mit Rotwein ablöschen und Bratrückstände lösen. Den Wein köchelnd reduzieren. Dann den Fond langsam zugeben und die Kochschokolade sowie die Preiselbeeren unterrühren.

Bei niedriger Stufe köcheln lassen, bis das Fleisch weich wird. (Im Druckkochtopf etwa 60 bis 90 Minuten, im normalen Topf länger.) Die Flüssigkeit nach Belieben mit in Wasser aufgelöster Maisstärke etwas eindicken.

Als Beilage eignen sich Semmel- oder Serviettenknödel, Kroketten oder Nudeln. Mit frischer Petersilie und einem Löffel Preiselbeermarmelade servieren.

Tipp: Für eine süßlichere Note des Ragouts statt Rotwein Portwein oder Sherry verwenden.

Steven Lukyamuzi
arbeitet im Logistikzentrum in 1230 Wien

Steven liebt es, für sich und seine Frau zu kochen.
Er ist ein begeisterter Esser und möchte den Menschen
die Gerichte seiner Heimat Uganda nahebringen.
Dort ist Matoke eine Nationalspeise.

Matoke (auch Matooke)

Zutaten:

12 kleine Kochbananen
   oder 4 größere Plantain-
   Kochbananen

500 g Bohnen, gekocht,
   rot oder weiß (2 Dosen)

1 rote Zwiebel

3 Tomaten

3 EL Öl

1 TL Currypulver, mild

Salz

Zwiebel fein schneiden und in Öl glasig anschwitzen.
Die Tomaten in kleine Würfel schneiden und mitbraten.

Wenn die Tomaten weich sind, die Bohnen samt dem
Bohnenwasser aus der Dose dazugeben. Nach Bedarf
noch ein wenig Wasser hinzufügen. Die Kochbananen
schälen und waschen. Gemeinsam mit dem Currypulver
zu den Bohnen geben und weich kochen.

Erst jetzt salzen und noch ein wenig weiterköcheln
lassen. Auf einem tiefen Teller anrichten und nach
Belieben, z. B. mit Avocadospalten, garnieren.

Tipp: Die Kochbananen, auch grüne Bananen oder
Plantains genannt, bekommt man in afrikanischen
Supermärkten oder auf Freiluftmärkten.

Marlene Peuker
arbeitet in der Personalentwicklung in 1030 Wien

An gutem Essen und neuen Rezepten hat Marlene Freude.
Die Hobbyköchin bereitet Gerichte zu, die auch am nächsten
Tag aufgewärmt, als Schreibtischessen, gut schmecken.
So wie der Couscous-Schmarren.

Pikanter Couscous-Schmarren
mit Joghurt

Zutaten:

150 g Couscous

150 g kleine Kirschtomaten

2 Frühlingszwiebeln

1 Kugel Mozzarella

3 Eier

225 ml Wasser

1 TL Gemüsebrühe-Pulver

130 g Mehl

250 g Naturjoghurt

4 El Öl

frisches Basilikum

Oregano

Salz, Pfeffer

Wasser kochen, Gemüsebrühe darin auflösen und den Couscous hineinrühren. Kurz quellen lassen.

Die Tomaten waschen und vierteln. Frühlingszwiebeln und Basilikum waschen, putzen und fein schneiden. Den Mozzarella klein würfeln. Die Eier trennen und das Eiklar steif schlagen. Den Eidotter mit 1 TL Salz, Gewürzen, Joghurt und Mehl cremig rühren. Nun Couscous einrühren und Frühlingszwiebeln, Tomaten, Mozzarella sowie Basilikum dazugeben. Zum Schluss den Eischnee unterheben.

Öl in einer beschichteten Pfanne erhitzen und die Hälfte des Teiges in die Pfanne gießen. Bei mittlerer Hitze ca. 6 Minuten goldbraun backen. Danach wenden und bei schwacher Hitze fertig backen. Anschließend mit einem Pfannenwender in Stücke teilen und warmhalten. Die zweite Portion genauso backen.

Tipp: Auch Karotten, Zucchini oder Paprikas passen gut in den Schmarren. Das Gemüse klein schneiden und kurz anbraten, bevor es ausgekühlt ist, zum Teig geben. Man kann den Mozzarella durch andere Käsesorten ersetzen.

Daniel Bauer
arbeitet in der Zustellbasis in 3910 Zwettl

Daniel kocht einmal am Tag für die Familie.
Er probiert oft neue, auch internationale Rezepte aus.
Reisfleisch ist sein Lieblingsessen.

Reisfleisch

Zutaten:

500 g gemischtes
  Faschiertes

2 Zwiebeln

3 EL Öl

6 EL Paprikapulver,
  edelsüß

2 Rindsuppenwürfel

Knoblauchpulver

Currypulver

1 EL Tomatenmark

400 g Rundkornreis

500 ml Wasser

Salz, Pfeffer

Zwiebeln klein schneiden und in einem großen Topf in Öl goldbraun anbraten. Das Fleisch dazugeben und kräftig anbraten. Das Fleisch gut mit Wasser bedecken und den Reis, die Gewürze sowie die Suppenwürfel dazugeben.

Zugedeckt etwa 30 Minuten leicht köcheln lassen, gelegentlich umrühren, wenn nötig, etwas Wasser nachgießen. Wenn der Reis gar ist, ist das Gericht fertig und kann serviert werden. Dazu passt grüner Salat oder Roter-Rüben-Salat.

Tipp: Reisfleisch schmeckt auch aufgewärmt sehr gut!

Alexander Maximilian Pfeffer Garcia
arbeitet als Sommerpostler in der Zustellbasis in 3100 St. Pölten

Immer wenn Alexander Maximilian ein mexikanisches Gericht kocht, fühlt er sich ein wenig in die Kindheit versetzt. Tacos erinnern ihn ganz besonders an Mexiko, seine Familie und seine Freund*innen dort.

Rib-Eye-Tacos

Zutaten:

1 kg Rib-Eye-Steaks

2 Paprikaschoten

2 Zwiebeln

300 g Koriander

Salsa aus Jalapeño (optional Habanero Pepper oder andere rote Salsa, nicht süß)

1 kg Tortillas (am besten aus Mais, Durchmesser 10 bis 12 Zentimeter)

Salz, Pfeffer

Die Rib-Eye-Steaks in dünne Streifen schneiden. Zwiebeln klein schneiden, eine davon für später beiseitestellen. Die Paprikaschoten würfeln und den Koriander klein schneiden. Die erste Zwiebel in einer Pfanne mit heißem Öl anbraten. Das Fleisch dazugeben, mit Salz und Pfeffer würzen. Die Paprikaschoten mit anbraten. Wenn das Fleisch gar ist, warm halten.

Zwischenzeitlich die Tortillas in einer anderen Pfanne vorsichtig heiß machen. Zum Warmhalten in ein Tuch einschlagen.

Die Tacos werden am Tisch fertig zubereitet. Man füllt so viel hinein, wie man mag. Dazu nimmt man eine Tortilla in die Hand und gibt das Fleisch, die frisch gehackten Zwiebeln, den Koriander und Salsa nach Wahl dazu. Danach werden die Tortillas eingerollt, an den Enden eingeschlagen und gleich aus der Hand gegessen.

Tipp: Tortillas sind in verschiedenen Größen im Handel erhältlich. Zusätzlich kann auch gekochter Reis als Füllung auf den Tisch gestellt werden.

Rene Rauth
arbeitet im IT-Service Delivery Management in 1210 Wien

Seit Rene nach einigem Probieren das richtige Rezept für sich gefunden hat, wird in seiner Familie keine Pizza mehr bestellt. Er hat bereits in der Schule kochen gelernt und mit Freund*innen so immer wieder schöne Abende erlebt. Wichtig ist ihm, dass das Essen frisch auf den Tisch kommt.

Pizza Neapolitana

Zutaten:

Für den Teig

670 g Mehl

435 ml Wasser

20 g Salz

1,5 g Hefe frisch
   (oder 0,5 g Trockenhefe)

Semola zum Verarbeiten

Für den Belag

Tomatensauce
   (am besten aus San-
   Marzano-Tomaten)

Mozzarella

Oregano

Basilikum

Salz

Die Hefe in ein wenig Wasser auflösen. Mehl, kaltes Wasser und die Hefe in eine Schüssel geben und mit der Küchenmaschine auf niedrigster Stufe kneten. Sobald der Teig das Wasser gebunden hat, Salz dazugeben.

Den Teig zugedeckt 15 Minuten ruhen lassen und ihn dann drei- oder viermal falten. Danach locker abgedeckt für 18 bis 20 Stunden in den Kühlschrank stellen.

Am nächsten Tag aus dem Teig 4 Kugeln formen und bei Zimmertemperatur für ca. 4 Stunden gehen lassen. Die Teigkugeln sollten nun aufgegangen sein.

Den Pizzaofen oder einen Heißluft-Backofen mit Pizzastein vorheizen. Sobald der Ofen aufgeheizt ist, kann der Teig in etwas Semola (ital. Hartweizengrieß) gelegt und händisch zu einer Pizza ausgeformt werden. Bei der neapolitanischen Pizza ist es wichtig, die Luft in den Rand zu drücken, um ein schönes, aufgehendes Ergebnis zu erreichen.

Zügig mit den Zutaten belegen und in den Ofen schieben. Nach ein paar Minuten ist die Pizza aufgegangen und bereit zum Servieren.

Tipp: Das richtige Mehl ist wichtig. Rene verwendet ein Pizzamehl mit hohem Eiweißgehalt. Ebenso wichtig ist die Planung, denn der Teig muss sich 24 Stunden entwickeln können.

Lajos Nadasdi
arbeitet in der Zustellbasis in 4540 Bad Hall

Lajos bekocht gerne seine Familie und den Freundeskreis. Wenn sie mithelfen, macht es ihm noch mehr Spaß. Seine Leibspeise ist ungarisches Rindsgulasch.

Rindsgulasch

Zutaten:

1 kg Gulaschfleisch
vom Rind

4 EL Öl

3 Zwiebeln

1 TL Kreuzkümmel,
gemahlen

2 EL roter Pfeffer,
gemahlen

1 gelbe Paprikaschote

1 Tomate

2 Knoblauchzehen

1 EL Tomatenmark

200 ml Wasser

Salz, Pfeffer

Das Fleisch in Würfel schneiden. Zwiebeln und Knoblauch fein hacken. Tomaten und Paprika in kleine Stücke schneiden.

Die Zwiebeln in einem großen Topf mit Öl oder Fett glasig dünsten. Fleischwürfel dazugeben und anbraten, salzen und pfeffern. Umrühren und mit Wasser aufgießen. Mit Kreuzkümmel würzen.

Bei mittlerer Hitze unter häufigem Rühren drei bis vier Stunden lang köcheln lassen, bei Bedarf immer wieder etwas Wasser nachgießen. Nach der Hälfte der Garzeit Paprika, Tomate und Knoblauch dazugeben. Wenn das Fleisch weich und der Saft dickflüssig ist, das Tomatenmark einrühren, gründlich vermischen und noch ein paar Minuten weiter köcheln lassen.

Mit Kartoffelknödeln, Tarhonya oder Brot servieren.

Tipp: Wer es scharf mag, gibt zum Tomatenmark noch Chilipaste. Ein Schuss Rotwein gibt dem Gericht eine besondere Note.

Anita Gattringer
arbeitet in der Zustellbasis in 4230 Pregarten

Anita ist eine begeisterte Esserin und bereitet mit Gekochtem
auch anderen eine Freude. Dieses Rezept ist ihr Lieblingsgericht aus Italien.

Spaghetti aglio olio e scampi

Zutaten:

500 g Scampi

3 Knoblauchzehen

1 Chilischote

50 g Zwiebeln

Olivenöl

400 g Spaghetti

Petersilie, gehackt

Salz, Pfeffer

Einen großen Topf mit Salzwasser zum Kochen bringen und die Spaghetti al dente (bissfest) kochen.

In der Zwischenzeit Olivenöl in einer Pfanne erhitzen und die fein gewürfelten Zwiebeln glasig dünsten. Die geputzten Scampi dazugeben und scharf anbraten. Fein geschnittenen Knoblauch und die gehackte Chilischote beigeben und gut wenden. Mit Salz und Pfeffer würzen. Der Knoblauch darf nicht braun werden, also nur kurz mit anbraten.

Die Spaghetti abseihen und sofort zu den Scampi geben. Alles gut durchschwenken und großzügig mit Petersilie bestreut servieren.

Tipp: Nach Belieben etwas Pfeffer und Parmesan darüberstreuen.

Andreas Thöni
arbeitet in der Konzernstrategie in 1030 Wien

Gut essen ist Andreas wichtig. Er selbst kocht abwechslungsreich
und kreativ – und das am liebsten für seine Familie und Freund*innen.

Tiroler Spinatknödel
mit Käsefüllung

Zutaten:

450 g Cremespinat

1 Zwiebel

2 Knoblauchzehen
 (optional)

200 g würziger Käse
 (Tiroler Bergkäse)

150 g Butter

350 g Semmelwürfel

3 Eier

200 ml Milch

Salz, Pfeffer

Parmesan

Den Spinat auftauen. Die Zwiebel würfelig schneiden und nach
Geschmack fein gehackten Knoblauch dazugeben. Beides in
50 g Butter glasig anschwitzen. Würzigen Käse in neun große
Würfel schneiden.

Semmelwürfel in eine große Schüssel geben. 3 Eier aufschlagen,
dazugeben und gut verrühren. Zwei halbe Eierschalen zur Seite
legen. Anschließend die gerösteten Zwiebeln, Milch und den
Cremespinat dazugeben. Kräftig vermischen. Mit Salz und
Pfeffer würzen und die Masse ein paar Minuten rasten lassen.

Für die Zubereitung der Knödel eine Handvoll Knödelmasse
in eine Hand nehmen und in die Mitte ein Stück Käse legen.
Masse rundherum schließen und mit beiden Händen zu einem
glatten Knödel formen. Aus der Masse sollten sich neun Stück
formen lassen.

In einem großen Topf Wasser mit 1 TL Salz zum Kochen bringen.
Die halben Eierschalen ins Wasser geben und untertauchen.
Knödel langsam hineingleiten lassen und ca. 10 Minuten auf
mittlerer Stufe kochen.

Währenddessen die restliche Butter in einer Pfanne zergehen
lassen und leicht bräunen. Den Parmesan und den restlichen
Käse grob reiben. Die Knödel auf einem Teller platzieren, mit
brauner Butter übergießen und mit dem Käse bestreuen. Dazu
passt knackiger Blattsalat.

Tipp: Die Schale von einem Ei im Kochwasser verhindert,
dass die Knödel zerfallen.

Michael Feutl
arbeitet in der Abrechnung in 1030 Wien

Michael isst wenig Fleisch, dieses kauft er aber sehr bewusst.
In einer ländlichen Umgebung aufgewachsen, hat er Bezug zur Herkunft
der bäuerlichen Produkte. Am liebsten kocht er für seine Frau,
die sich über seine Kochkünste freut.

Steirische Rindsrouladen

Zutaten:

4 Rindschnitzel,
  dünn geschnitten

5 Karotten

2 gelbe Rüben

Essiggurken

Kräuter aus dem Garten

3 EL Olivenöl

1 Liter Gemüsebrühe,
  selbst gemacht

1 Zwiebel

500 ml Weißwein

je ½ TL Paprikapulver,
  Salz, Pfeffer

Zahnstocher oder
  Küchengarn

Für die Polentaschnitten

125 g Polentagrieß

500 ml Wasser

20 g Butter

½ TL Salz

Die Rindschnitzel klopfen und mit Salz, Pfeffer und Paprika bestreuen. 2 Karotten, die gelben Rüben und die Essiggurken in Stifte schneiden und längs auf die Schnitzel legen. Die Kräuter hacken und darüberstreuen. Die Ränder etwas einschlagen und die Schnitzel zu Rouladen aufrollen. Mit Zahnstochern oder Küchengarn fixieren.

Die Rouladen in Olivenöl von allen Seiten scharf anbraten. 3 Karotten und Zwiebel hacken und zugeben. Mit Gemüsebrühe und Wein aufgießen. Die Rouladen bei reduzierter Hitze eine Stunde lang schmoren lassen. Gegen Ende der Schmorzeit mit einem Holzspieß in das Fleisch stechen. Ist kein Widerstand spürbar, sind sie gar.

Polentaschnitten

Für die Beilage den Polentagrieß mit 500 ml Wasser und Salz aufkochen, immer wieder umrühren. Die Butter dazugeben. Temperatur reduzieren und 5 Minuten quellen lassen. Die Masse in eine Auflaufform streichen und 20 Minuten bei 230 °C im Backrohr backen.

Die Bratensauce mit einem Pürierstab pürieren. Die Polenta in Stücke schneiden und zusammen mit den Rouladen und der Sauce anrichten.

Barbara Zisser
arbeitet in der Postfiliale in 1213 Wien

„Du bist, was du isst", findet Barbara und hält es mit einem bekannten Spitzenkoch: „Essenszeit ist Lebenszeit." Sie kocht mit allen Sinnen, denn nur wer selbst kocht, weiß, was drin ist. Bei ihr löst gutes Essen meist gute Laune aus – beides teilt sie mit Familie und Freund*innen.

Steirisches Wurzelfleisch
(Krenfleisch)

Zutaten:

1 kg Schweinskarree

200 g Karotten

200 g gelbe Rüben

200 g Petersilwurzeln
  (alternativ Knollensellerie)

1 kg Kartoffeln

1 Krenwurzel

1 Lorbeerblatt

5 bis 6 Pfefferkörner

3 l Wasser

250 ml Essig
  (zum Abschmecken)

Salz

In einem großen Topf das Karree mit 3 Liter Wasser, dem Essig, dem Lorbeerblatt, den Pfefferkörnern und dem Salz aufkochen und ca. 1,5 Stunden auf kleiner Stufe weiter köcheln lassen. Kartoffeln schälen und achteln. Das Wurzelgemüse schälen und in feine Streifen schneiden (Julienne).

Die Kartoffeln je nach Größe die letzten 20 bis 30 Minuten der Kochzeit zum Fleisch geben, die Gemüsestreifen die letzten 10 Minuten. Nach Ende der Garzeit das Fleisch aus dem Sud nehmen und in Scheiben schneiden. Auf einem tiefen Teller mit den Kartoffeln, den Gemüsestreifen und dem Sud anrichten. Mit frisch geriebenem Kren (alternativ Kren aus dem Glas) garnieren und servieren.

Tipp: Für dieses Rezept eignen sich auch Huhn oder Fisch, etwa Saibling oder Wels.

Harpreet Lakha
arbeitet im Logistikzentrum in 1230 Wien

Harpreet kocht schon seit vielen Jahren, sie experimentiert auch in der Küche. Hausgemachtes Essen für die Familie ist ihr wichtig.
Ihre Kinder lieben dieses Gericht.

Indischer Tofu
mit Naan

Zutaten:

350 g Paneer

3 Paprikaschoten

2 gelbe Zwiebeln

1 rote Zwiebel

2 Tomaten

2 Knoblauchzehen

1 kl. Stück Ingwer

250 ml Tomaten, passiert

250 ml Schlagobers

1 Bund frischer Koriander

Gewürze wie Kurkuma, Kümmel, Methi (Bockshornklee), grünes Chili

Salz

Öl

Für das Naan

500 g Mehl

1 Packung Trockenhefe

1 TL Salz

1 TL Zucker

150 ml Wasser

Die Tomaten und Zwiebeln schneiden und anschließend samt Knoblauch und Ingwer pürieren. Etwas Öl in einen Topf geben und die pürierte Masse kurz aufkochen. Salz und Gewürze dazu, dann die passierten Tomaten und das Schlagobers zugeben und weiter köcheln lassen.

Die Paprikaschoten, die rote Zwiebel und Paneer in größere Stücke schneiden und gemeinsam in einer Pfanne mit heißem Öl kurz frittieren. Vor dem Anrichten auf der Sauce verteilen und mit fein geschnittenem Koriander garnieren.

Naan

Für das Naan (Brot) alle Zutaten verkneten und 1 bis 2 Stunden rasten lassen. Den Teig in kleine Kugeln formen, zu flachen Kreisen auswalken und eine Seite mit etwas Wasser bestreichen. Vorsichtig in einer Pfanne anbacken, bis das Brot leicht gebräunt ist. Noch warm servieren.

Tipp: Paneer ist ein Frischkäse indischer Art, ähnlich der Konsistenz von Tofu. Paneer ist im indischen Supermarkt erhältlich, ist aber auch leicht selbst herzustellen: In 1 Liter kochende Milch 3 EL Zitronensaft geben und gut umrühren. Ein großes (Nudel-)Sieb mit einem sauberen Leinentuch auslegen und die geronnene Milch hineingießen. Nach dem Auskühlen das Tuch verknoten, fest ausdrücken und über einer Schüssel aufhängen. Die restliche Flüssigkeit tropft in 2 bis 3 Stunden ab, im Tuch befindet sich nun ein fester Frischkäse.

Fediye Güven
arbeitet bei der feibra in 1230 Wien

Essen ist wichtig, findet Fediye, denn es verbindet Menschen und Kulturen. Sie mag es, wenn sie Freund*innen und Verwandte bekochen kann und sie sich darüber freuen. Dieses Rezept kocht sie, weil es einfach zuzubereiten und dennoch beeindruckend in Aussehen und Geschmack ist.

Sultan Kebap

Zutaten:

Für die Füllung

500 g Hühnerfleisch

2 Zwiebeln

2 Karotten

3 rote Paprikaschoten

1 Melanzani

2 TL Knoblauchpaste oder
 2 bis 3 Knoblauchzehen

150 g Erbsen

1 EL Tomatenmark

1 Würfel Hühner- oder
 Gemüsebrühe

150 bis 200 g türkischer Weichkäse (Peynir oder Feta)

8 Blätter Strudel- oder Yufkateig

Für die Bechamelsauce

40 g Butter

25 g Mehl

250 ml Milch

Muskatnuss

Salz, Pfeffer

Zum Bestreichen und Bestreuen

50 ml Olivenöl

60 g Mozzarella, gerieben

60 g Emmentaler, gerieben

Das Fleisch in kleine Würfel schneiden und kurz in Olivenöl anbraten. Aus der Pfanne nehmen und mit etwas zusätzlichem Öl die geschnittenen Zwiebeln, Karotten, Paprika und Melanzani anbraten. Tomatenmark, Knoblauch und den Suppenwürfel dazugeben. Nach 5 Minuten das Fleisch wieder in die Pfanne geben und das Ganze zugedeckt bei reduzierter Temperatur noch etwas weiter dünsten. Ganz am Schluss die Erbsen hinzufügen. Vorsichtig mit Pfeffer und Salz abschmecken, der Suppenwürfel ist meist würzig genug.

Eine Backform (eckig oder rund) mit Backpapier auslegen oder gut mit Butter ausfetten. Jeweils zwei Strudelblätter überlappend in eine Schüssel (ca. 15 Zentimeter Durchmesser und 5 Zentimeter Tiefe) legen. Bis zur Hälfte mit der Füllung anfüllen. In die Mitte ein Stück Weichkäse legen, darauf noch etwas Füllung. Jetzt werden die Blätter verschlossen. Die Teigränder mit etwas Olivenöl bestreichen, damit der Kebap schön knusprig wird. Die Schüssel wenden und den Kebap in die Backform legen.

Bechamelsauce

Die Butter zerlassen, bis sie hellbraun ist. Das Mehl dazugeben, anschwitzen und unter ständigem Rühren die Milch zugießen. Mit Muskatnuss, Salz und Pfeffer würzen.

Die Kebaps reichlich mit Bechamelsauce bestreichen und mit Mozzarella und Emmentaler bestreuen. Im vorgeheizten Ofen bei 200 °C Ober-/Unterhitze 25 bis 30 Minuten lang backen. Sie sollten eine goldbraune Farbe angenommen haben und knusprig sein.

Tipp: Statt Huhn kann auch anderes Fleisch verwendet werden.

Janet Weigel
arbeitet im Logistikzentrum in 1230 Wien

Bittergurken und Eier hat Janet meist zuhause.
Wenn es schnell gehen muss, kocht sie daher gerne
dieses Gericht.

Gebratene Bittergurken
mit Eiern

Zutaten:

1–2 Bittergurken

3 Knoblauchzehen

1 Zwiebel

2 Tomaten

3 Eier

1 TL Zucker

1 TL Oystersauce oder
   Sojacauce

Gewürze nach Belieben

Öl

Die Bittergurken längs halbieren und entkernen. Wer sie lieber ohne Schale hat, kann sie schälen. In dünne Scheiben schneiden. Zwiebeln und Knoblauch klein hacken, Tomaten würfeln. Zwiebel und Knoblauch in etwas Öl anbraten, Tomaten und Zucker dazugeben und kurz andünsten. Nun die Gurken dazu, gut umrühren und für 1–2 Minuten einen Deckel auf die Bratpfanne geben.

Die Eier in einer Rührschüssel aufschlagen, Soja- oder Oystersauce dazugeben und gut durchrühren.

Die Gurken sollten weich, aber noch bissfest („al dente") sein. Nun die Eiermasse darübergießen und bei reduzierter Temperatur einige Male wenden, bis sie stockt. Dazu passt Reis.

Tipp: Bittergurken (auch als Bittermelonen bekannt) sind ein beliebtes Gemüse im asiatischen Raum. Sie sind im Asia-Supermarkt erhältlich. Wer die Gurken lieber etwas weniger bitter mag, legt die Stücke vor dem Anbraten für einige Minuten in lauwarmes Wasser.

Christopher Hackl
arbeitet in der Zustellbasis in 8010 Graz

Christopher ist gelernter Koch und findet, dass seine Ćevapčići die besten zwischen Linz und Zagreb sind. Dazu Kartoffelpüree und Röstzwiebeln und die Welt ist gerettet!

Ćevapčići

Zutaten:

700 g gemischtes Faschiertes

2 Zwiebeln

2 TL Paprikapulver, edelsüß

1 TL Paprikapulver, scharf

3 Knoblauchzehen

1 TL Oregano

1 TL Majoran

1½ TL Salz

½ TL Chilipulver

Öl

Zwiebeln schälen, fein hacken und zusammen mit dem Faschierten und den Gewürzen in einer großen Schüssel gut durchmischen. Knoblauchzehen schälen und durch eine Knoblauchpresse ins Fleisch pressen. Die Masse mit den Händen gut durchkneten. Nun aus der Fleischmasse etwa daumendicke Röllchen formen und auf einen Teller legen. Die Röllchen mit Frischhaltefolie abdecken und für mindestens 2 Stunden kühl stellen.

In einer Pfanne Öl erhitzen (darf den Pfannenboden mind. 3 Millimeter bedecken) und die Ćevapčići bei mittlerer Hitze ca. 6–8 Minuten gleichmäßig anbraten. Werden sie auf den Grill gelegt, Ćevapčići vorher mit Öl einpinseln.

Mit dünn geschnittenen Zwiebelringen, Paprika und Tomaten servieren. Und natürlich gehört ein gutes Ajvar dazu.

Tipp: Ajvar ist eine würzige Paste aus Paprika. Es kann selbst gemacht werden, ist aber auch im Supermarkt zu bekommen.

Douglas de Oliveira Batista
arbeitet im Logistikzentrum in 1230 Wien

Douglas wurde im brasilianischen São Paulo geboren.
Die Creme de Mandioca steht nicht mehr oft auf seinem Speiseplan.
Wenn sie jedoch zubereitet wird, erinnert ihn das Gericht
an seine Kindheit.

Creme de Mandioca
com Carne de Sol

Zutaten:

800 g Maniok

500 g mageres
  Trockenfleisch

1 Zwiebel

3 Knoblauchzehen

½ Stange Lauch

50 ml Olivenöl

Schnittlauch

Rosmarin

Zunächst das Trockenfleisch entsalzen. Dazu das Fleisch 4 Stunden lang in Wasser legen und einweichen lassen. Das Wasser jede Stunde wechseln. Dann das Fleisch in einen Topf mit frischem Wasser legen, erhitzen und 10 Minuten köcheln lassen. Etwas auskühlen lassen und noch ein- bis zweimal mit jeweils frischem Wasser wieder aufkochen.

Zwiebel und Knoblauch fein hacken, Lauch in Scheiben schneiden. Maniokwurzel schälen, den faserigen Teil aus der Mitte entfernen und in Würfel schneiden. Trockenfleisch ebenfalls in kleine Würfel schneiden. Olivenöl in einen großen Schnellkochtopf geben und Knoblauch, Zwiebel, Lauch und Trockenfleisch darin anbraten. 2 Liter Wasser hinzufügen und 40 Minuten kochen lassen. Dann das Trockenfleisch herausnehmen, zerrupfen und beiseitestellen.

Im gleichen Wasser wie das Trockenfleisch den Maniok kochen, bis er weich ist. Maniokwürfel in einem Mixer pürieren, dabei das Kochwasser langsam hinzufügen, bis eine glatte Masse entsteht. Nach Geschmack salzen. Das zerkleinerte Fleisch noch einmal kurz erhitzen und zusammen mit dem Gemüse auf die Maniokcreme geben. Gehackten Schnittlauch und Rosmarin nach Geschmack darüberstreuen.

Tipp: „Carne seca", also Trockenfleisch, ist in Österreich in gut sortierten internationalen Supermärkten zu finden.

Marlies Grasl
arbeitet in der Zustellbasis in 4040 Linz

Marlies Grasl mag ihre Arbeit. Wenn sie fleißig sein kann, ist sie glücklich. Doch soll es auch genug Zeit für Entspannung geben. Gutes Essen spielt dabei eine große Rolle. Am schönsten ist es für Marlies, wenn ihren Lieben gut schmeckt, was sie gekocht hat.

Mangoldknödel
in Pilzrahm

Zutaten:

Für die Knödel

250 g Semmelwürfel

250 g frische Mangold-
   blätter

100 ml Milch

1 Zwiebel

2 Eier

5 g Butter

Salz, Pfeffer

Muskatnuss, gerieben

Für die Sauce

500 g Pilze

1 Zwiebel

1 Knoblauchzehe

Öl

Salz, Pfeffer

100 ml Weißwein

250 ml Schlagobers

Petersilie

Semmelwürfel in Milch einweichen, 10 Minuten rasten lassen. Inzwischen die Zwiebel klein schneiden und in Butter anschwitzen. Mangoldblätter in Streifen schneiden und die festeren Stängel in feine Stücke zerteilen. Mangold zur Zwiebel geben und kurz mit anschwitzen. Mischung und Gewürze zu den Semmelwürfeln geben und Eier hinzufügen. Die Masse 15 Minuten zum Rasten in den Kühlschrank geben. Anschließend gut golfballgroße Knödel formen und diese in gesalzenem Wasser 12 Minuten leicht köcheln lassen.

Pilzrahmsauce

Pilze in mundgerechte Stücke schneiden und in Öl anrösten, bis sie goldbraun sind. Fein gehackte Zwiebel und Knoblauch hinzufügen und kurz mitrösten. Mit Weißwein ablöschen und kochen, bis der Großteil der Flüssigkeit verkocht ist. Schlagobers hinzugeben und kurz mitkochen. Mit Salz und Pfeffer würzen.

Pilzrahmsauce in einen tiefen Teller geben, Knödel mittig platzieren und mit gehackten Kräutern bestreut servieren.

Tipp: Wer das Gericht in der Pilzsaison kocht, kann aus einer Fülle verschiedener frischer Pilzsorten wählen. Bei den Knödeln kann alternativ zu Mangold auch Spinat verwendet werden.

Silvia Ortens
arbeitet im Logistikzentrum Steiermark in 8405 Kalsdorf

Für Silvia ist Kochen eine Herzensangelegenheit. Sie mag es sehr, wenn ihr Essen ein Lächeln auf die Gesichter ihrer Familie und ihrer Gäste zaubert.

Spargeltarte

Zutaten:

Für den Mürbteig

200 g Mehl

100 g kalte Butter

75 ml Wasser

1 Prise Salz

(Hülsenfrüchte zum
  Blindbacken)

Für den Belag

500 g grüner Spargel

1 Bund Petersilie

150 g Prosciutto

3 Eier

150 ml Schlagobers

Muskatnuss, gerieben

Salz, Pfeffer

Backrohr auf 200 °C Umluft vorheizen. Alle Zutaten für den Teig rasch verkneten, diesen in Frischhaltefolie wickeln und für zwei Stunden kalt stellen. Später den Teig ausrollen und eine gefettete Tarteform damit auslegen. Den Teig mit Backpapier belegen und darauf die trockenen Hülsenfrüchte (Linsen, Bohnen oder Kichererbsen) zum Beschweren verteilen. Den Teig so 15 Minuten vorbacken, danach Hülsenfrüchte und Backpapier entfernen.

Das untere Drittel der Spargelstangen schälen, die harten Enden abschneiden. Den Spargel in Salzwasser kurz blanchieren, abschrecken und abtropfen lassen. Dicke Spargelstangen der Länge nach halbieren. Prosciutto in Streifen schneiden. Schlagobers und Eier gut verrühren und mit Salz, Pfeffer und Muskatnuss würzen. Die gehackte Petersilie dazugeben. Spargel auf dem Teigboden verteilen. In die Zwischenräume den Prosciutto legen, danach die Eier-Obers-Mischung darübergießen. Die Tarte ins 200 °C heiße Backrohr schieben und eine halbe Stunde backen.

Tipp: Die Spargeltarte schmeckt auch vegetarisch – dann einfach ohne Prosciutto.

Alexander Botka
arbeitet in der Zustellbasis in 4030 Linz

Alexander hat großen Spaß am Kochen.
Das schätzen auch seine Familie und sein Freundeskreis.
Er möchte das traditionelle Gericht Paprikasch mit anderen teilen,
denn es erinnert ihn an seine alte Heimat Ungarn.

Fisch-Paprikasch

Zutaten:

2 kg Fisch

2,5 l Wasser

600 g Zwiebeln

2 EL Salz

4 EL Paprikapulver, edelsüß

150 ml Tomatensaft

Öl

Nudeln nach Wahl

Die Fische putzen und in Stücke schneiden. Zwiebeln schälen und fein hacken. In einem großen Topf erst die Zwiebeln in Öl anrösten, danach den Fisch zugeben, Paprikapulver einstreuen und mit Wasser aufgießen. Bei kleiner Hitze 35 bis 40 Minuten köcheln lassen.

10 Minuten vor dem Ende der Garzeit den Tomatensaft einrühren.

Unterdessen die Nudeln nach Packungsanweisung kochen und auf tiefe Teller verteilen. Das fertig gegarte Fisch-Paprikasch ähnelt jetzt einer Suppe und wird auf den Nudeln angerichtet.

Tipp: Süßwasserfische wie Karpfen oder Hecht eignen sich sehr gut für dieses Gericht. Es kann beispielsweise je ein Stück von beiden verwendet werden.

Süßspeisen

24 Rezepte

Das wichtigste Gericht in Österreich. Egal, woher sie kommen, am Ende bleiben alle an der Nachspeise hängen. Goldene Knödel! Veganer Apfel-Streuselkuchen! Baklava, Anisbögen, Balasn aus dem Burgenland, Kardinalschnitten, Bananenschnitten, Erdbeer-Brownie, Topfen-Mohnnockerl, Lokše, Kaiserschmarren, Himbeerschnitten, Karottenmuffins, Cheesecake, Papageienkuchen – und ein Tiramisu geht auch noch!

Nadja Pallamar
arbeitet im Bereich Vertrieb Filialen Ost in 1030 Wien

Nadja mag das glückliche Schweigen und das gesellige Beisammensein, wenn es allen schmeckt. Gemeinsam zu essen ist am schönsten, findet sie. Weil sie möchte, dass bei Geburtstagsfeiern auch die Veganer*innen zu einem Kuchen kommen, hat sie sich für dieses Rezept entschieden.

Veganer Apfel-Streuselkuchen

Zutaten:

Für den Teig

200 g pflanzliche Butter

250 g Mehl

100 g Kristallzucker

150 g Mandeln, gerieben

½ Packung Vanillezucker

1 Prise Salz

Für die Fülle

5 Äpfel

1 Handvoll Walnüsse

3 EL Kristallzucker

2 EL pflanzliche Butter

Rosinen (nach Belieben)

Zimt

Die Butter schmelzen und mit den restlichen Zutaten zu einem glatten Teig kneten. Einen kleinen Teil davon für die Streusel zur Seite legen. Den Rest des Teiges direkt in die eingefettete Form drücken. Beides im Kühlschrank ca. 1 Stunde rasten lassen.

Für die Fülle Äpfel entkernen und in dünne Scheiben schneiden. 2 EL Butter in einer Pfanne zerlassen und alle Zutaten anbraten. Wenn die Äpfel weich sind und die Flüssigkeit verkocht ist, die Apfelmasse in die Form zum gekühlten Teig geben. Den restlichen Teig streuselartig darüberbröseln und bei 170 °C Ober-/Unterhitze eine halbe Stunde lang backen.

Ebru Koç
arbeitet im Konzern Fuhrpark in 1030 Wien

Kochen ist für Ebru eine kreative und beruhigende Tätigkeit,
Essen ein Ausdruck von Kultur und Gemeinschaft. Es ermöglicht ihr,
ihre kulturellen Wurzeln zu spüren und gleichzeitig neue kulinarische
Abenteuer zu erleben. Am liebsten kocht sie für ihre Familie.
Sie genießt es, wenn alle am Tisch zusammenkommen.

Traditionelles Baklava
mit Pistazien

Zutaten:

400 g Pistazienkerne,
  ungesalzen

500 g Ghee oder
  Butterschmalz

375 g gekühlter Filoteig,
  mindestens 42 Blätter

500 g extrafeiner Zucker

Saft von ¼ Zitrone

600 ml Wasser

Die Pistazien mit der Küchenmaschine zu einem groben Pulver zermahlen. 2 Esslöffel Pistazien für die Garnitur beiseitestellen. Das Ghee in einer Pfanne zerlassen.

Für die oberen Teigschichten 12 Filoteigblätter abnehmen und zwischen zwei feuchte Tücher legen. Die restlichen Teigblätter in zwei gleich hohe Stapel teilen und ebenfalls feucht halten. Ein Backblech von ca. 33 × 22 Zentimetern Größe mit dem warmen Ghee einfetten. Das erste Filoteigblatt auf das Blech legen und mit Ghee bestreichen, dann ein zweites Blatt auflegen und mit Ghee bestreichen, und ein drittes. Auf die letzte Schicht 1 Esslöffel gemahlene Pistazien streuen. Den kompletten Vorgang sechsmal wiederholen, sodass 21 Teigschichten entstehen. Nun das oberste Teigblatt 5 Millimeter dick mit Pistazien bedecken. Vier weitere Male drei Teigblätter mit Ghee bestreichen und einschichten. Das oberste jeweils mit Pistazien bestreuen, bis 33 Teigschichten übereinanderliegen. Zum Schluss die letzten neun Teigblätter übereinanderschichten und einzeln einfetten, dieses Mal jedoch nicht mit Pistazien bestreuen.

Baklava mit einem scharfen Messer der Länge nach siebenmal und sechsmal quer durchschneiden, sodass 56 Stücke entstehen. 30 Minuten im vorgeheizten Ofen bei 180 °C backen. Inzwischen in einem Topf 600 ml Wasser und den Zucker bei mittlerer Temperatur erhitzen. Zitronensaft zugeben. Zum Kochen bringen und bei niedriger Temperatur 20 Minuten köcheln lassen, bis die Mischung zu einem Sirup eingedickt ist. Der Zucker darf nicht karamellisieren. Regelmäßig ein Auge auf die Baklava haben und diese goldbraun aus dem Ofen nehmen. Mit heißem Sirup übergießen und eine Stunde ziehen lassen. Mit den restlichen Pistazien garnieren.

Rebecca Zmaritz
arbeitet im Facility-Management in 1030 Wien

Rebecca durfte in ihrer Kindheit oft mit ihrer Großmutter kochen und backen. Auch sonst hat sie ihr viel zu verdanken. Den Erdbeer-Brownie hat Rebecca aus einem alten Schokokuchenrezept zu Omas Ehren weiterentwickelt.

Erdbeer-Brownie

Zutaten:

2 Eier

250 g Rohrzucker

250 g Skyr

200 g Butter

80 g Kakao

50 g dunkle Schokolade

300 g Mehl

2 EL Olivenöl

1 Vanilleschote

6 Kaffeebohnen

150 g Zucchini

200 g grüne Äpfel

500 g Erdbeeren
   (frisch oder gefroren)

½ Zitrone

Basilikum

Rosmarin

Das Backrohr auf 200 °C vorheizen. Schokolade und Kaffeebohnen fein hacken, die Zitrone auspressen und die Zucchini fein reiben. Die weiche Butter mit Olivenöl und Kakao sowie der Schokolade mixen. Die fein gehackten Kaffeebohnen dazugeben.

In einer zweiten Rührschüssel den Rohrzucker mit den Eiern schaumig schlagen. Die geriebene Zucchini und Skyr (alternativ Naturjoghurt) dazugeben. Die Vanilleschote auskratzen und das Mark hinzufügen. Nun die Kakao-Butter-Masse dazugeben und gut verrühren. Das Mehl in die Masse sieben und vorsichtig unterheben.

Die Erdbeeren mit Zitronensaft und Kräutern sowie die fein gehackten Apfelstücke auf mittlerer Hitze 20 Minuten lang köcheln lassen. Das Pektin der Äpfel wird dabei zum natürlichen Dickungsmittel. Mit Hilfe eines Siebs die Sauce von den gekochten Früchten trennen und für später aufheben.

Den Teig auf ein eingefettetes Backblech streichen, Früchte darauf verteilen und bei 200 °C 25 Minuten lang backen.

Die Sauce in einen tiefen Teller geben, ein Stück Brownie darauflegen und noch warm servieren.

Kristina Veranic
arbeitet in der Zustellbasis in 8753 Fohnsdorf

Kochen und Backen gehören zu Kristinas liebsten Hobbys.
Das freut vor allem ihre Familie. Die Bananenschnitten macht sie,
weil sie schnell zubereitet sind und allen gut schmecken.

Bananenschnitten

Zutaten:

Für den Ölkuchen

6 Eier

125 ml Wasser

125 ml Öl

250 g Staubzucker

50 g Kristallzucker

250 g Mehl

½ Packung Backpulver

Für den Belag

1 Packung Vanillepudding-
  pulver

375 ml Milch

2 EL Staubzucker

250 g Margarine oder
  Butter

Marillenmarmelade

2 EL Rum

4 bis 5 Bananen

½ Tafel Kochschokolade

Kokosfett

Die Eier trennen, das Eiklar zu Schnee schlagen. Eigelb, Wasser und beide Zuckersorten schaumig rühren, das Öl langsam zugeben. Das Mehl und zuletzt den Eischnee unterheben. Ein Backblech mit Backpapier auslegen, die Masse darauf verteilen und bei 180 °C 25 Minuten lang backen.

Den Vanillepudding laut Packungsanweisung zubereiten und auskühlen lassen.

Für die Creme Margarine oder Butter mit Staubzucker schaumig rühren, den Vanillepudding langsam zugeben und mit Rum abschmecken.

Den ausgekühlten Kuchen mit Marmelade bestreichen. Die längs halbierten Bananen darauf auslegen, die Creme darauf verteilen und glatt streichen. Kochschokolade mit etwas Kokosfett schmelzen und alles gleichmäßig damit überziehen. Kalt stellen und vor dem Servieren in Schnitten teilen.

Georg Thaler
arbeitet in der Hausverwaltung der Logistikzentren Ost in 1230 Wien

Georg ist Burgenländer und hat sich für das Balasn-Rezept entschieden, weil es wenig bekannt ist. Am liebsten bäckt er die für den Seewinkel typische Mehlspeise für seine Familie.

Balasn aus Apetlon

Zutaten:

Für den Teig

4 Eigelb

150 g Margarine oder Butter

250 ml Milch

1 TL Sauerrahm

3 EL Staubzucker

500 g glattes Mehl

¼ TL Salz

Für die Fülle

2 kg Äpfel

120 g Zucker

2 TL Zimt

Schmalz oder Öl zum Frittieren

Die Äpfel schälen und grob reiben. Mit Zimt und Zucker mischen und beiseitestellen.

Für den Teig Butter, Eigelb, Staubzucker und eine Prise Salz mit Hilfe einer Küchenmaschine schaumig rühren. Etwa ein Drittel des Mehls hinzufügen, gut verrühren. Sauerrahm dazugeben und ein weiteres Drittel des Mehls dazu. Zuletzt die Milch und das restliche Mehl einrühren.

Den Teig auf einer bemehlten Arbeitsfläche mit den Händen durchkneten, bis ein glatter Teig entsteht. In 25 bis 30 tischtennisballgroße Kugeln teilen und diese 1 bis 2 Millimeter dünn ausrollen. Ein kleines Sieb oder einen Esslöffel mit der Apfelmasse füllen und diese mittig auf den Teiglingen platzieren. Ein zweites Teigblatt darüberlegen und die Ränder fest aneinanderdrücken. Den überschüssigen Teil mit einem großen, runden Ausstecher (z. B. Glas) entfernen. Die Balasn hat jetzt einen Durchmesser von ca. 10 Zentimetern. Vorsichtig auf ein bemehltes Brett legen. So weiterverfahren, bis der gesamte Teig aufgebraucht ist.

In einem Topf das Schmalz oder Öl erhitzen. Die Balasn mit der gewölbten Seite nach unten hineingleiten lassen. Etwa 1 Minute lang frittieren, umdrehen und weitere 30 Sekunden frittieren. Die Balasn sollten rundherum eine satte goldbraune Farbe haben. Auf Küchenkrepp abtropfen lassen und noch warm mit Staubzucker bestreuen. Sofort servieren.

Petra Lorenz
arbeitet in der Distribution West in 6134 Vomp

Petra liebt den Zauber von Weihnachten. Elisen-Lebkuchen gehören für sie in diese Zeit. An diesem Rezept hat sie gefeilt, bis es für sie perfekt war.

Elisen-Lebkuchen

Zutaten:

200 g Mandeln, gerieben

200 g Walnüsse, gerieben

60 g Orangeat

60 g Zitronat

4 Eier

360 g Zucker

2 Prisen Salz

4 TL Lebkuchengewürz

250 g Mehl, Type 550
  (oder glutenfreies Mehl)

1 TL Backpulver

45 Back-Oblaten mit
  5 cm Durchmesser

oder 30 Back-Oblaten
  mit 7 cm Durchmesser

Für die Glasur

170 g Staubzucker

1 EL Zitronensaft

4 EL Wasser

Orangeat und Zitronat sehr fein hacken. Eier, Zucker, Salz und Lebkuchengewürz dickschaumig aufschlagen. Zitronat und Orangeat unterrühren und anschließend Mandeln und Walnüsse hinzufügen. Zum Schluss das mit Backpulver vermischte Mehl hinzufügen.

Die Oblaten auf einem Backblech verteilen und den Teig kuppelförmig daraufsetzen. Beim glutenfreien Mehl den Teig vor dem Verteilen etwas ziehen lassen, damit er nicht zu sehr verrinnt.

Im vorgeheizten Backrohr bei 175 °C Heißluft 25 Minuten backen. Sobald die Lebkuchen an den Rändern braun werden, herausnehmen und auskühlen lassen. Staubzucker, Zitronensaft und Wasser zu einer glatten Glasur verrühren und die Elisen damit bestreichen.

Tipp: Auch Haselnüsse eignen sich gut für dieses Rezept, dann schmecken die Lebkuchen etwas herber. Als Variante kann ein Teil der Elisen an der Oberseite auch in flüssige dunkle Schokolade getaucht werden.

Alexander Koch
arbeitet im Rechnungswesen in 1030 Wien

Alexander schätzt es, wenn er selbst mitgestalten und Neues entwickeln kann. Bei der Arbeit und beim Kochen. Die glutenfreie Sachertorte wurde aus Notwendigkeit und Fantasie geboren. Jetzt schmeckt sie bei Geburtstagsfeiern mit der Familie allen besser als das Original.

Schokoladentorte (glutenfrei)

Zutaten:

6 Eier

250 g Kochschokolade

250 g Mandeln, gerieben

250 g Butter

200 g Zucker

1 Packung Backpulver

1 Packung Vanillezucker

Für die Glasur

Marillenmarmelade

200 g Kochschokolade

120 g Schlagobers

Die Eier trennen und das Eiklar steif schlagen. Die Kochschokolade langsam schmelzen. Mit Eigelb, zerlassener Butter und der flüssigen Schokolade gut schaumig schlagen. Zucker, Vanillezucker, geriebene Mandeln und Backpulver nach und nach zugeben und gut mixen. Am Schluss mit einer Teigspachtel den Eischnee unterheben und vorsichtig verrühren.

Eine mittelgroße runde Backform ausfetten und mit Mehl bestäuben. Teig hineingeben und zunächst 10 Minuten lang bei 220 °C, dann weitere 40 Minuten bei 180 °C backen. Die Torte nach dem Abkühlen in zwei Hälften schneiden und den unteren Boden mit Marillenmarmelade bestreichen. Den oberen Teil wieder daraufsetzen und die gesamte Torte dünn mit Marmelade bestreichen.

Für die Glasur die Schokolade mit dem Schlagobers in einem kleinen Kochtopf im Wasserbad langsam zergehen lassen. Immer wieder rühren, bis die Schokolade sämig-weich wird. Nun die Glasur gleichmäßig über die Torte verteilen. Die Torte vor dem Servieren im Kühlschrank rasten lassen.

Tipp: Für eine sommerliche Variante unter der Glasur Himbeermarmelade verwenden und die Torte mit frischen Himbeeren garnieren.

Christina Zabka
arbeitet im Vertriebsinnendienst in 1030 Wien

Gutes Essen ist Christina wichtig. Besonders viel Wert legt sie auf das Frühstück. Sie findet, die Karottenmasse ist schnell und einfach zubereitet. Sie kann in einer eckigen Kuchenform gebacken werden, doch auch Muffins kommen immer gut an.

Karottenmuffins

Zutaten:

200 g Karotten

100 g Mandeln, gerieben

3 EL Mehl oder Speisestärke

200 g Haselnüsse, gerieben

3 TL Backpulver

100 g Zucker

1 Prise Zimt

3 Eier

120 ml neutrales Speiseöl

Salz

Für den Zuckerguss
2 bis 3 EL Wasser

150 g Staubzucker

Die Karotten schälen und fein reiben. Die Mandeln mit Mehl oder Stärke (Stärke ist glutenfrei), Haselnüssen, Backpulver, Zucker, Zimt und Salz mischen. Öl und Eier zugeben und weiterrühren. Zum Schluss die Karottenraspeln unterheben.

Den Teig in 12 Muffin-Formen oder in eine eckige Kuchenform geben und im vorgeheizten Backrohr bei 180 °C 25 Minuten lang backen.

Wer möchte, kann für die Dekoration Wasser mit Staubzucker vermischen, bis ein zähflüssiger Guss entsteht. Diesen in einen Spritzbeutel geben und die Muffins in kreisender Bewegung mit der Zuckerglasur übergießen.

Tipp: Zur Dekoration eignen sich gehackte Pistazien auf dem Zuckerguß.

Claudia Reichl-Eberl
arbeitet in der Personalsteuerung Logistikzentren West
in 5071 Wals

Essen hält für Claudia „Körper und Geist in Schwung".
Sie kocht und bäckt gerne, weil es immer Neues zu erproben gibt.
Die Torte ist ein Rezept von Claudias Großmutter.

Himbeer-Mohntorte

Zutaten:

Für den Kuchen

120 g Butter

120 g Zucker

5 Eigelb

5 Eiklar

60 g Zucker

2 Packungen Vanillezucker

90 g Haselnüsse, gerieben

190 g Mohn, gerieben

½ Packung Backpulver

Zimt, Rum

Salz

Für die Creme

625 ml Schlagobers

380 g Topfen

130 g Staubzucker

1 Zitrone (Saft und Schale)

6,5 Blatt Gelatine

1 Becher Joghurt

Für das Topping

500 g Himbeeren

50 bis 100 g Staubzucker

3,5 Blatt Gelatine

Das Eiklar mit 60 g Zucker steif schlagen und beiseitestellen. In einer Rührschüssel Butter, Eigelb und Zucker schaumig rühren. Nüsse, Mohn, Backpulver, Zimt, eine Prise Salz und etwas Rum dazugeben und gut verrühren. Vorsichtig die steif geschlagene Eiklar-Zucker-Masse unterheben. Teig in eine gut eingefettete Tortenform (26–28 cm Durchmesser) geben und bei 160 °C Umluft ca. 30 Minuten lang backen.

Für die Creme das Schlagobers steif schlagen. Topfen, Joghurt, Zucker und die geriebene Schale sowie den Saft der Zitrone gut durchmischen und locker mit dem steif geschlagenen Obers vermengen. Gelatine in etwas Obers oder Wasser erwärmen und auflösen. Die flüssige Gelatine unter die Topfen-Obers-Masse rühren.

Den ausgekühlten Tortenboden in einen Tortenring geben, die Creme darauf verteilen, glatt streichen und die Torte anschließend kühl stellen.

Für die oberste Schicht die Himbeeren pürieren, passieren und mit dem Staubzucker glatt rühren. Gelatine in etwas Fruchtsaft oder Wasser erwärmen, unter die Himbeermasse rühren und diese auf der fest gewordenen Topfenmasse glatt streichen. Die Torte für einige Stunden, am besten über Nacht, kalt stellen. In 12 Stücke schneiden und servieren.

Tipp: Die Himbeeren können einfach entkernt werden, indem man sie püriert und durch die „Flotte Lotte"passiert oder durch ein großes Sieb streicht.

Irfan Alsan
arbeitet in der Zustellbasis in 6020 Innsbruck

Gut essen ist für Irfan das A und O für ein gesundes und ausgeglichenes Leben. Zuhause kocht er am liebsten für seine Frau und seinen Sohn. Er weiß, dass viele Menschen gern Süßes essen, und hat sich daher für dieses Rezept entschieden.

Kaiserschmarren
mit Preiselbeer-Schlagobers

Zutaten:

200 g Mehl

30 g Zucker

4 Eier

300 ml Milch

40 g Butter

2 EL Rosinen (optional)

1 EL Rum (optional)

Staubzucker zum
  Bestreuen

125 ml Schlagobers

2 EL Preiselbeermarmelade

Salz

Die Eier trennen, das Eiklar mit einer Prise Salz steif schlagen. Eigelb, Zucker und Milch in eine Schüssel geben und schaumig schlagen. Das Mehl langsam zugeben, zuletzt den Eischnee locker unterheben. Die Butter in einer Pfanne erhitzen, den dickflüssigen Teig gleichmäßig verteilen und ca. 4 Minuten lang mit geschlossenem Deckel bei mäßiger Hitze backen. Wenn der Boden fest wird, den Teig mit Hilfe eines Pfannenwenders umdrehen und von der anderen Seite goldbraun fertigbacken.

In der Zwischenzeit Schlagobers steif schlagen und Preiselbeermarmelade unterheben.

Den luftigen Teig in der Pfanne mit zwei Kochlöffeln in unregelmäßige Stücke reißen. Nach Geschmack noch etwas Butter, Zucker, Rosinen und Rum dazugeben und den Schmarren weitere 2 Minuten lang in der Pfanne wenden. Mit Staubzucker bestreuen und mit Preiselbeer-Schlagobers garnieren.

Tipp: Statt Preiselbeer-Schlagobers passt klassisch auch Apfelmus oder Zwetschkenröster zum Schmarren.

Olga Bartek
arbeitet im Team Netzwerk & Projekte Logistikzentren in 1030 Wien

Olga mag die böhmische Küche und das gesellige Beisammensein
an ihrem Esstisch. Lokše erinnern sie an die Ferien in ihrer Kindheit,
als ihre Oma diese einfache, aber köstliche Speise für sie
zubereitet hat.

Lokše
Böhmische Kartoffelfladen

Zutaten:

300 g mehlige Kartoffeln

80 bis 100 g glattes Mehl

¼ TL Salz

Butter zum Bestreichen

Powidlmarmelade

Mohn, gemahlen

Staubzucker

Die Kartoffeln in Salzwasser kochen, etwas aus-
dampfen lassen, schälen und fein reiben. Mit Mehl
und Salz zu einem glatten Teig verkneten. Den Teig zu
einer Rolle formen und diese in 8 bis 10 Stücke teilen.
Die Stücke 1 bis 2 Millimeter dick ausrollen, den Teig
nach Bedarf mit etwas Mehl bestäuben.

Die Kartoffelfladen in einer heißen Pfanne von beiden
Seiten trocken ohne Öl anbraten. Die gebackenen
Lokše mit geschmolzener Butter bestreichen und mit
einer Schüssel abdecken, damit sie weich werden.
Den gesamten Teig so verarbeiten.

Die Fladen mit Powidl bestreichen, wie eine Palat-
schinke einrollen und vor dem Servieren mit
gemahlenem Mohn und Staubzucker bestreuen.

Tipp: Lokše schmecken auch pikant sehr gut. Dazu rollt
man statt Powidl z. B. Sauerkraut und gebratene Speck-
würfel ein.

Emira Sakanovic
arbeitet im Logistikzentrum in 1230 Wien

Neues ausprobieren und immer wieder dazulernen –
das schätzt Emira an ihrer Arbeit genauso wie beim Kochen.
Manchmal darf es aber auch Altbewährtes sein:
Dieses Rezept ist der Lieblingsnachtisch ihrer Familie.

Schokoladencremeschnitte

Zutaten:

Für den Teig

5 Eier

6 EL Zucker

6 EL kaltes Wasser

6 EL Mehl

2 EL Kakaopulver

1 Packung Backpulver

Für die Creme

250 ml Patisserie-Creme

2 Packungen Sahnesteif

1 EL Staubzucker

3 EL Schokocreme

Für den Teig Eier, Zucker und Wasser in eine Rühr-schüssel geben und schaumig mixen. Anschließend Mehl, Kakaopulver und Backpulver dazugeben und alles sorgfältig mischen. Auf ein Backblech streichen und den Teig im vorgeheizten Backrohr bei 180°C Umluft 15–20 Minuten backen.

Währenddessen wird die Creme vorbereitet. Dafür die Patisserie-Creme mit etwas Staubzucker verrühren und das Sahnesteif dazugeben. Anschließend die Masse halbieren.

Die erste Hälfte wird auf den ausgekühlten Kuchen gestrichen. In die zweite Hälfte der Creme 3 EL Schoko-creme geben. Diese leicht verrühren und als zweite Schicht auf die erste Creme-Schicht streichen.

Tipp: Damit der Kuchen besonders hübsch aussieht, kann geschmolzene Schokolade über die Schnitte gegossen werden. Schön sind auch Schokoraspeln oder Schokoröllchen.

Magdalena Reithofer
arbeitet in der Zustellbasis in 8190 Birkfeld

Magdalena liebt das Backen und Kochen, vor allem Mehlspeisen sind
ihre Leidenschaft. Mit den Kardinalschnitten kann sie bei ihrer Familie
ganz besonders punkten!

Kardinalschnitten

Zutaten:

Für das Biskuit

6 Eigelb

1 Ei

150 g Staubzucker

1 Packung Vanillezucker

1 Msp. Backpulver

150 g Mehl

Für das Baiser

10 Eiklar

200 g Kristallzucker

70 g Gelierzucker

Salz

Für die Creme

750 ml Schlagobers

2 Packungen Cappuccino-
   Löskaffeepulver

3 Packungen Sahnesteif

1 Packung Vanillezucker

Biskuit

Das Ei und das Eigelb schaumig schlagen, den Staubzucker
dazugeben und weiterschlagen, bis eine sehr lockere Masse
entsteht. Dann vorsichtig das Mehl unterheben.

Baiser

Eiklar steif schlagen, dann Kristallzucker und Gelierzucker
unterrühren. Die sehr steife Masse in einen Spritzsack füllen.
Ein Backblech einfetten oder mit Backpapier auslegen. Mit
dem Spritzsack 3 einzelne Streifen der Länge nach auftragen,
dabei Abstände von 4 Zentimetern freihalten. In diese Zwischenräume 2 Streifen des cremigen Biskuits (ebenfalls am
besten mit dem Spritzsack) einfüllen. So entstehen insgesamt
5 Streifen. Diesen Vorgang noch zweimal mit etwas Abstand
daneben oder auf einem zweiten Blech wiederholen. Die Masse vor dem Backen mit Staubzucker bestreuen. Im auf 170 °C
vorgeheizten Backrohr auf der Mittelschiene 10 Minuten lang
backen. Danach den Backofen auf 150 °C zurückschalten und
45 Minuten lang fertigbacken.

Creme

Schlagobers, Löskaffee und Vanillezucker verrühren und mit
Sahnesteif aufschlagen. Die Biskuit-Baiser-Masse auskühlen
lassen. Einen Teil umdrehen, die Hälfte der Fülle auftragen.
Den zweiten Biskuit-Teil drauflegen, die restliche Fülle auftragen. Mit dem letzten Biskuit-Teil abschließen. Die Kardinalschnitten für 1 Stunde in den Kühlschrank stellen.

Tipp: Während des Backens die Backofentür leicht geöffnet
halten.

Magdalene Fleck
arbeitet im Bereich Business Solutions in 1030 Wien

Beim Genuss von Pierogi denkt Magdalene an ihre Jugend. Bei jedem Besuch in der früheren Heimat ihrer Eltern gab es selbst gemachte Pierogi in vielen Varianten. Mal süß mit frisch gepflückten Heidelbeeren wie in diesem Rezept, mal mit Fleisch, Kraut oder klassisch mit einer Erdäpfel-Topfen-Füllung.

Süße Pierogi

Zutaten:

500 g griffiges Mehl

1 Ei

200 ml Wasser

500 g frische Heidelbeeren

3 EL Zucker

Für die Creme

250 ml Sauerrahm

2 bis 3 EL Zucker

Für den Teig Mehl, Ei und Wasser vermengen, gut durchkneten und etwa 1,5 Millimeter dick ausrollen. Mit einem größeren Glas runde Formen ausstechen.

Für die Füllung die Heidelbeeren mit Zucker bestreuen und gut verrühren.

Je einen Teelöffel Heidelbeer-Füllung in die Mitte jedes Teigkreises setzen, Teig mittig falten und die Ränder gut zusammendrücken. Die Pierogi anschließend einige Minuten lang in leicht kochendem Wasser ziehen lassen.

Den Sauerrahm mit dem Zucker gut verrühren und zu den Pierogi servieren.

Tipp: Sollten Pierogi übrig bleiben, kann man diese gekocht oder ungekocht einfrieren. Sie sollten dabei schön nebeneinanderliegen und nicht aneinanderkleben.

Alexandra Rauch-Reim
arbeitet im Bereich POS-Marketing & Visual Merchandising in 1030 Wien

Alexandra ist Mutter einer Tochter. Sie bäckt leidenschaftlich gern und kann sich dabei wunderbar entspannen. Das Rezept stammt von ihrer Oma, die heuer ihren 100. Geburtstag gefeiert hätte.

Omas Topfenauflauf

Zutaten:

500 g Topfen

3 EL Sauerrahm

75 g Grieß

3 Eier

1 Packung Vanillezucker

1 Packung Backpulver

500 g Obst (z. B. Äpfel oder Beeren)

Alle Zutaten gut vermengen. Die Oma hat zusätzlich 500 g geraspelte Äpfel untergehoben. Alexandra selbst bäckt das Rezept mit Beeren aus ihrem Garten. Je nach Verfügbarkeit mit Ribiseln, gelben Himbeeren, Heidelbeeren oder Stachelbeeren.

Die Masse mit dem Obst vermischen und in einer Auflaufform bei Ober-/Unterhitze bei 180 °C ca. 45 Minuten lang backen.

Tipp: Bäckt man den Auflauf ohne Obst, passen dazu Apfelmus oder Kompott.

Nicole Nastberger
arbeitet im Projektmanagement Bereich Brief in 1030 Wien

Als Absolventin eines HLF-Kollegs für Tourismus legte Nicole eine Fachprüfung im Kochen ab. Am liebsten kocht sie mit ihrem Mann gemeinsam, ganz besonders für größere Runden in der Familie oder mit Freund*innen. Das Rezept hat sie vor zwanzig Jahren von ihrer Schwiegermutter bekommen, seither ist sie in der Familie die „Tiramisu-Beauftragte".

Tiramisu

Zutaten:

3 Eier

250 g Staubzucker

1 Becher Mascarpone

1 Becher Schlagobers

2 Packungen Biskotten
  (am besten italienische)

250 ml starken Kaffee

2 EL Milch

2 EL Kaffeelikör (optional)

Kakaopulver

Den Kaffee zubereiten und auskühlen lassen. Die Eier trennen und die Eigelb mit Staubzucker schaumig rühren. Mascarpone zugeben und gut unterrühren. Schlagobers aufschlagen, es sollte nicht zu fest werden. Eiklar zu Schnee schlagen. Erst Schlagobers unter die Eigelbmasse mischen, danach den Eischnee vorsichtig unterheben.

Milch und Kaffeelikör in den ausgekühlten Kaffee geben und verrühren. Die Biskotten kurz in die Kaffeemischung eintauchen und in die Auflaufform schlichten. Darauf kommt eine Schicht Creme, gefolgt von einer weiteren Schicht Biskotten. So lange wiederholen, bis die Form voll ist. Die letzte Schicht soll eine Cremeschicht sein. Das Tiramisu mehrere Stunden im Kühlschrank kalt stellen. Vor dem Anrichten mit Kakaopulver bestreuen.

Tipp: Das Tiramisu ist nicht schnittfest, sondern cremig-weich. Wer es besonders hübsch anrichten möchte, kann es in mehrere kleine Dessertgläser schichten anstatt in eine große Form.

Karin Meier
arbeitet in der Zustellbasis in 4540 Bad Hall

Für Karin sind Topfen-Mohnnockerl ein Erfolgsrezept.
Für ihren 24-jährigen Sohn gibt es seit jeher keine andere
Antwort auf die Frage: Was wünschst du dir zum Essen?

Topfen-Mohnnockerl

Zutaten:

350 g Topfen

100 g Mehl

30 g Kristallzucker

50 g Butter

1 Ei

1 Zitrone (Abrieb)

½ Packung Vanillezucker

2 EL Butter, zerlassen

4 EL Mohn, gemahlen

Staubzucker

Salz

Alle Zutaten zu einem Teig verrühren, diesen eine Stunde lang im Kühlschrank rasten lassen.

Mit einem Löffel Nockerl formen und in siedendem Salzwasser 12 Minuten lang ziehen lassen. Die Nockerl aus dem Wasser heben, in Butter schwenken und mit Staubzucker und Mohn bestreuen.

Tipp: Für einen fruchtigen Twist mit frischen Himbeeren oder Erdbeeren dekorieren.

Aleksandra Rajh-Martincic
arbeitet im Logistikzentrum Steiermark in 8405 Kalsdorf

In der Arbeit vergisst Aleksandra zwar manchmal auf das Essen, privat ist es ihr aber wichtig. Sie kocht regelmäßig, am liebsten für ihre Familie. Aleksandra probiert oft neue Rezepte aus, hat sich hier jedoch für ein Gericht aus ihrer Heimat Slowenien entschieden. Es erinnert sie an viele schöne Feste.

Premurska gibanica

Zutaten:

400 g Strudelteig (gekauft),
   ca. 11 Teigblätter

Für den Mürbteig
250 g Mehl
1 EL Zucker
100 g Butter
1 Ei
1 Prise Salz
30 bis 40 ml Wasser

Für die Walnussschicht
400 g Walnüsse, gemahlen
60 g Zucker
2 Packungen Vanillezucker

Für die Mohnschicht
400 g Mohn, gemahlen
1 Packung Vanillezucker
100 g Zucker
300 ml Weißwein

Für die Topfenschicht
500 g Topfen
200 g Sauerrahm
2 Eigelb
50 g Zucker
1 Prise Salz

Für die Apfelschicht
800 g Äpfel
1 TL Zimt
30 g Zucker
30 g Semmelbrösel
2 EL Rum

125 g zerlassene Butter
5 EL Schlagobers (flüssig)

Mürbteig

Die Zutaten miteinander verkneten. Den Teig in Frischhaltefolie einwickeln und 30 Minuten im Kühlschrank ruhen lassen.

Schichten

Die Äpfel schälen, grob reiben und den Saft etwas ausdrücken. Mit Semmelbröseln, Zimt, Rum und Zucker vermischen und zur Seite stellen. Für die Topfenschicht in einer weiteren Schüssel Topfen, Sauerrahm, Eigelb, Zucker und eine Prise Salz mit einem Schneebesen verrühren. Jeweils separat Walnüsse bzw. Mohn mit Vanillezucker und Zucker mischen. Die Mohn-Zucker-Mischung zusätzlich mit Wein mischen.

Den Mürbteig ausrollen und den Boden einer gefetteten Springform damit belegen. Mit geschmolzener Butter bestreichen.

Eine Schicht Strudelteig darauflegen, wieder mit Butter bepinseln. Die Hälfte der Mohnmasse daraufgeben. 5 EL Obers darauf verteilen, darauf ein Teigblatt, mit Butter bepinseln. Die Hälfte der Topfenmasse darauf verteilen. Das nächste Teigblatt, wieder mit Butter einpinseln. Nun die Walnüsse darauf verteilen und 7 EL Obers darauf verteilen. Ein weiteres Teigblatt darauflegen, mit Butter bestreichen. Die halbe Apfelmasse darauf verteilen, mit Strudelteig abdecken und mit Butter bepinseln.

Alle Schritte noch einmal wiederholen, am Ende mit zwei Strudelblättern abschließen und mit geschmolzener Butter sowie dem restlichen Obers bepinseln. Im vorgeheizten Backrohr bei 160 °C Umluft für 60 Minuten backen.

Michaela Hödl-Meißlitzer
arbeitet in der Zustellbasis in 8111 Judendorf-Strassengel
Wenn sie Zeit hat, kocht Michaela leidenschaftlich und abwechslungsreich, heimische Gerichte ebenso wie internationale. Sie und ihre Familie essen gern Süßes, daher hat sie sich für diese Rezept entschieden.

Grießauflauf

Zutaten:

100 g Grieß

500 ml Milch

1 Zitrone (Schale)

50 g Butter

80 g Zucker

3 Eier

Butter

Salz

200 g Kompottfrüchte
  nach Wahl

Die Milch aufkochen, den Grieß sowie fein geriebene Zitronenschale einrühren und bei schwacher Hitze einkochen. Vom Herd nehmen und auskühlen lassen.
Die Eier trennen. Das Eiklar steif schlagen und mit 3 EL Zucker stabilisieren. Butter, Zucker und eine Prise Salz mit dem Mixer schaumig rühren. Nach und nach die Eigelb einrühren. Die Grießmasse dazugeben und gut vermengen. Zum Schluss vorsichtig den Eischnee unterheben.

Die Kompottfrüchte nach Wahl in eine gebutterte Auflaufform legen und die Grießmasse darübergeben. Im vorgewärmten Backrohr bei 170 °C ca. 45 Minuten lang backen. Zum Servieren nach Belieben mit etwas Kompott-Saft beträufeln.

Tipp: Anstelle von Kompottfrüchten kann man auch frische Früchte der Saison wie Kirschen, Beeren oder Äpfel im Auflauf mitbacken.

Nanette Ndubuizu
arbeitet in der Zustellbasis in 6020 Innsbruck

Nanette bäckt gerne und sie schätzt Gerichte, die von Jung und Alt geliebt werden. Da sie gelernte Köchin ist und ihr Mann aus Nigeria stammt, bereitet sie Speisen aus ihrer alten ostdeutschen Heimat ebenso gekonnt zu wie afrikanische Gerichte.

Papageienkuchen

Zutaten:

Für den Teig

250 g Butter

250 g Zucker

Salz

1 TL Zitronenschale, gerieben

1 TL Vanilleextrakt

5 Eier

400 g Mehl

2 TL Backpulver

250 ml Sauerrahm

Lebensmittelfarben (z. B. rot, blau, grün)

Kakao

Für die Glasur

250 g Staubzucker

5 EL Zitronensaft

Für die Deko

Schokostreusel oder bunte Streusel oder Smarties

Die weiche Butter mit Zucker, Salz, Zitronenschale, Vanille und Eiern cremig rühren. Sauerrahm dazugeben und Mehl locker einrühren. Den cremigen Teig in fünf Portionen teilen. Einen Teil ungefärbt lassen, die restlichen Teile mit Lebensmittelfarben und Kakao färben. Ein Backblech gut einfetten oder mit Backpapier auslegen und Kleckse des verschiedenfarbigen Teigs verteilen. Mit einer Teigspachtel vorsichtig glatt streichen, damit die einzelnen Farbfelder erhalten bleiben. Im vorgeheizten Ofen bei 180 °C für 20 Minuten backen.

Für die Glasur den Staubzucker mit Zitronensaft verrühren. Den abgekühlten Kuchen mit der Glasur bestreichen. Nach Belieben Dekostreusel auf dem Kuchen verteilen und die Glasur fest werden lassen.

Tipp: Statt Lebensmittelfarbe kann man auch grüne oder rote Götterspeise verwenden: 2 Teelöffel pro Teigportion sind ausreichend.

Judit Katona
arbeitet in der Zustellbasis in 5322 Hof bei Salzburg

Judit ist Teil eines jungen Teams, für das sie auch gerne Kuchen bäckt.
Warum die Goldenen Knödel das Lieblingsgericht der gebürtigen Ungarin sind?
Weil dieses landestypische Gericht „bisher allen meinen österreichischen
Bekannten geschmeckt hat".

Goldene Knödel

Zutaten:

Für den Teig

30 g frische Hefe oder
   1 Packung Trockenhefe

250 ml Milch

100 g Zucker

300 g Mehl

2 Eigelb

1 Zitrone (Abrieb)

1 EL Rum

50 g Butter

Für das Topping

200 g Walnüsse,
   gemahlen

100 g Zucker

10 g Butter

Vanillesauce

Teig

Die Hefe in etwas lauwarmer Milch auflösen. Mit allen anderen Teigzutaten per Hand oder mit einer Maschine zu einem weichen Teig verkneten. An einem warmen Ort gehen lassen, bis sich das Volumen verdoppelt hat. Ein kleines Backblech oder eine Tortenform mit Butter bestreichen.

Topping

Für das Topping Walnüsse und Zucker vermischen. Butter zerlassen.

Den aufgegangenen Teig auf ein bemehltes Brett geben. Etwa 1,5 Zentimeter dick ausrollen und in 2 × 2 Zentimeter große Stücke schneiden. Die Stücke zu kleinen Kugeln formen und diese in der gebutterten Form aneinanderreihen. Wenn die Auflaufform voll ist, die Oberseite der Kugeln mit zerlassener Butter beträufeln und mit dem Zucker-Walnuss-Mix bestreuen. An einem warmen Ort eine weitere halbe Stunde gehen lassen. Im vorgeheizten Backofen bei 180 °C ca. eine halbe Stunde goldbraun backen. Warm mit Vanillesauce servieren.

Tipp: Je nach Größe der Auflaufform kann noch eine weitere Ebene mit Teigkugeln hinzugefügt werden.

Michaela Binder
arbeitet im Logistikzentrum in 1230 Wien

Michaela mag nicht nur ihre Arbeit, sondern auch die Pausen,
in denen gemeinsam gegessen wird. Sie hat erst vor Kurzem das Backen
für sich entdeckt. Das freut sowohl ihre Familie als auch ihre Kolleg*innen
aus der Technik, die sie gerne mit ihren Torten und Kuchen verwöhnt.

Lotus Cheesecake

Zutaten:

Für den Boden

200 g Karamellkekse

60 g Butter

Für die Masse

700 g Frischkäse

50 g Staubzucker

200 g Lotus Karamellkeks-
Aufstrich

6 Karamellkekse

Für den Keksboden die Karamellkekse mit einer Küchenmaschine fein mahlen. Alternativ die Kekse in einen Gefrierbeutel geben und mit einem Nudelholz zerdrücken. Butter bei niedriger Temperatur schmelzen. Die gemahlenen Kekse zur Butter geben und gut vermischen. Die Masse gleichmäßig in einem Tortenring verteilen und mit den Händen etwas andrücken.

Frischkäse mit dem Staubzucker verrühren und gleichmäßig auf dem Keksboden verteilen.

Für den Guss den Karamellkeks-Aufstrich nach Herstellerangaben schmelzen. Den flüssigen Guss auf die Frischkäsemasse geben und glatt streichen. Mindestens eine Stunde lang kühl stellen.

Vor dem Servieren einige Karamellkekse fein hacken und die Brösel am Tortenrand verteilen. Den Tortenring vorsichtig abnehmen. Dazu mit einem heißen Messer zunächst den Rand lösen.

Tipp: Der Cheesecake schmeckt nach drei bis vier Tagen immer noch köstlich, wenn er im Kühlschrank aufbewahrt wird.

Andreas Rinder
arbeitet in der Zustellbasis in 8330 Feldbach

Beim Backen von Anisbögen kommen bei Andreas Erinnerungen an die Kindheit auf. Damals durften er und seine Geschwister der Mutter beim Backen helfen und die heißen Bögen biegen. Manchmal zerbrach ein Plätzchen, das durfte dann sofort verputzt werden.
Heute bäckt er die Anisbögen selbst für seine Liebsten.

Anisbögen

Zutaten:

2 Eier

100 g Staubzucker

60 g glattes Mehl

Anis

Butter

Eier mit dem Staubzucker schaumig rühren. Mehl unterheben. Ein Backblech mit Butter befetten oder mit Backpapier auslegen. Von der Masse kleine Häufchen auf das Blech geben, mit Anis bestreuen und bei 200 °C Ober-/Unterhitze so lange backen, bis der Rand leicht gebräunt ist (ca. 3 bis 5 Minuten). Die fertigen Plätzchen mit einem dünnen Messer vom Blech oder Backpapier lösen. Solange sie noch warm sind, über den Stiel eines Kochlöffels biegen und danach ein paar Minuten in kleine Schnapsgläser stellen, damit sie in Form bleiben. Trocken aufbewahren.

Tipp: Besonders gut schmecken die Anisbögen, wenn man sie kurz vor dem Servieren mit steif geschlagenem Schlagobers füllt.

Edeltraud Heiling
arbeitet in der Zustellbasis in 8190 Birkfeld

Edeltraud ist gelernte Köchin und verwöhnt ihre Lieben gerne mit gutem und gesundem Essen. Ihre Himbeerschnitten kommen sowohl bei der Familie als auch bei ihren Gästen immer gut an.

Himbeerschnitten

Zutaten:

Für den Biskuit

6 Eier

200 g Staubzucker

1 Packung Vanillezucker

180 g Mehl

1 Msp. Backpulver

Marillenmarmelade zum Bestreichen

600 g Himbeeren, ganz

Für die Joghurt-Obers-Creme

250 ml QimiQ

500 ml Joghurt, 3,6 %

120 g Staubzucker

1 Packung Vanillezucker

6 Blatt Gelatine

500 ml Schlagobers

Für den Belag

1 ½ Packung Eierbiskotten

250 ml Wasser, lauwarm

½ TL Löskaffee

60 ml Rum, 38 %

Kokosette oder geriebene Schokolade zum Bestreuen

Eier mit Staubzucker und Vanillezucker schaumig rühren. Mehl mit Backpulver mischen, darübersieben und unterheben. Auf ein mit Backpapier ausgelegtes Blech streichen und bei 175 °C im vorgeheizten Backrohr backen. Biskuitboden stürzen und Papier abziehen. Mit Marillenmarmelade bestreichen und mit einem Backrahmen umstellen. Die Himbeeren darauf verteilen.

Für die Creme QimiQ mit Joghurt, Staubzucker und Vanillezucker glatt rühren. Die Gelatine nach Packungsanleitung erwärmen und einrühren. Das steif geschlagene Schlagobers unterheben. Die Hälfte der Creme über den Himbeeren glatt streichen. Biskotten kurz in das Löskaffee-Gemisch tauchen und auf der Creme anordnen. Kokosette darüberstreuen. Mit der restlichen Creme abschließen und glatt streichen. Zum Schluss die geriebene Schokolade darüberstreuen.

Ein paar Stunden kalt stellen und dann genießen.

Tipp: QimiQ ist eine Sahne-Basis zum Aufschlagen. Grundsätzlich könnte stattdessen auch Schlagobers oder eine pflanzliche Sahne verwendet werden.

Danksagung

Wir danken allen Mitarbeiter*innen der Österreichischen Post AG,
die für dieses Kochbuch ihre liebsten Rezepte zur Verfügung gestellt haben.
Sie haben mit ihrer Begeisterung maßgeblich dazu beigetragen,
das „Gelbe Kochbuch" zu einem vielseitigen Begleiter zu machen,
der in keiner Küche fehlen sollte.

Bildquellen

Rezepte

Sämtliche Rezepte wurden von den Mitarbeiter*innen der Österreichischen Post AG zur Verfügung gestellt.

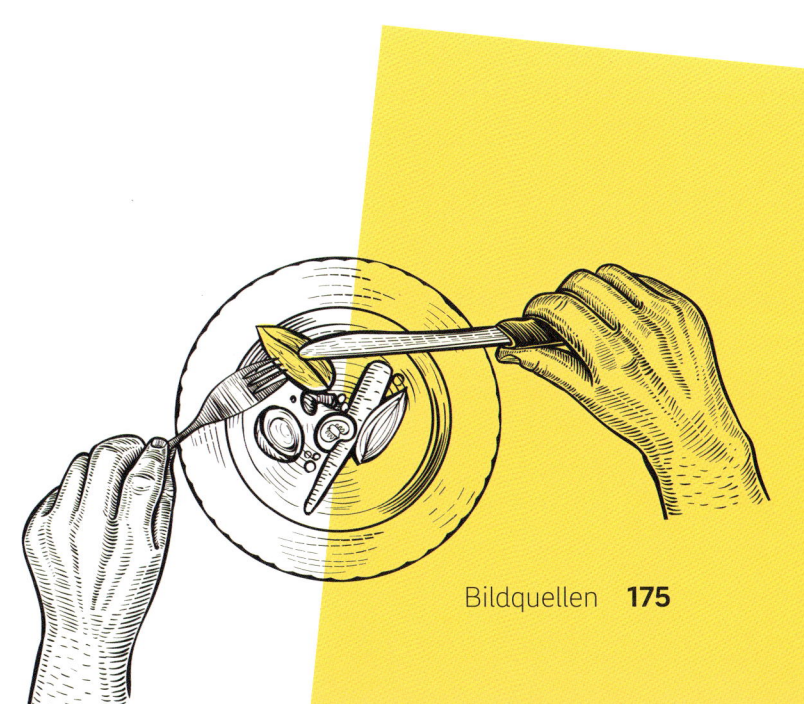

Impressum

ISBN 978-3-99166-015-6

©2024 Falter Verlagsgesellschaft m.b.H., Marc-Aurel-Straße 9, 1011 Wien
T: +43/1/53 660-0
E: bv@falter.at
W: faltershop.at

im Auftrag der Österreichischen Post AG
Alle Rechte vorbehalten

Konzept und Redaktion:
Österreichische Post AG: Ulrike Wegscheider
Falter Verlagsgesellschaft m.b.H.: Nini Tschavoll
Fotoredaktion: Karin Wasner
Grafisches Konzept, Umschlaggestaltung und Layout: Judith Heimhilcher
Lektorat: Ewald Schreiber
Herstellung: Falter Verlagsgesellschaft m.b.H.
Produktion: Daniel Greco
Druck: gedruckt in der Europäischen Union

Guten Appetit
und viel Freude beim
Nachkochen!